GUIDE POUR
PARENTS INQUIETS

Aimer sans se culpabiliser

Les droits perçus par l'auteur seront versés à une fondation pour la recherche scientifique sur le développement et la santé mentale de l'enfant.

LES ÉDITIONS LALIBERTÉ inc.
3020 chemin Sainte-Foy
Sainte-Foy, Québec   G1X 3V6

ÉDITIONS FRISON-ROCHE
22, quai de la Mégisserie,
75001 Paris

Couverture et illustrations:
Alain Roberge

Photocomposition et mise en pages:
Helvetigraf, Québec

ISBN 2-89084-045-X

Michel Maziade

GUIDE POUR
PARENTS INQUIETS

Aimer sans se culpabiliser

ÉDITIONS FRISON-ROCHE
PARIS

LES ÉDITIONS
LA LIBERTÉ
QUÉBEC

À Diane et Christine, qui ont dû, bien
malgré elles, me partager avec tant d'autres familles.

Et à toutes ces autres familles rencontrées sur ma route et qui m'ont tant appris.

PRÉFACE

La lumière jaillira
Et de la voir si belle
Je connaîtrai pourquoi
J'avais tant besoin d'elle.
Jacques Brel

Tous ceux à qui il arrive d'avoir le temps de réfléchir se seront retrouvés inévitablement en situations de dire «Je pense que...», «peut-être faudrait-il...», «j'ai lu quelque part...», ou encore, «j'aurais donc dû...», lorsqu'ils se débattent avec leurs difficultés d'être parents, ou lorsqu'ils contemplent vingt ans, vingt-cinq ans de succès ou d'échecs, ou les deux, dans «l'élevage» de ces chers petits êtres.

On pourra se demander ce que vient faire ce nouvel ouvrage dans la jungle d'écrits sur le devoir parental. Est-ce que tout n'avait pas été dit? Peut-on proposer quelque chose de neuf? Souvenons-nous. Depuis trente ans, quarante ans, peut-être plus, on nous avait habitués aux dogmes. Voilà ce qu'il faut faire! Oubliez les méthodes anciennes, dépassées! N'élevez pas vos enfants, comprenez-les! C'était presque l'allégresse, la foi du charbonnier. Des gens instruits, capables, connaisseurs, nous disaient QUOI faire. Nous ne pouvions donc pas nous tromper. Les historiens de la famille parleront sans doute un jour de quelques générations de parents manipulés et souvent, décrochés.

Cet ouvrage a plusieurs vertus. Celle de semer le doute, de reposer des questions. Celle de démystifier les connaisseurs, les savants. Celle de ne pas être un défi systématique au bon sens. Celle de questionner ceux et celles qui nous questionnent, celle d'être le fruit d'une démarche rigoureuse qu'impose la recherche dans ce domaine et, finalement, celle d'avouer qu'en cette matière, nous sommes tous ignorants, ou presque.

Les chapitres qui suivent nous ébranleront sans doute, habitués que nous sommes à cette unanimité apparente. Pourrons-nous vraiment réapprendre que discipline et affection ne sont pas mutuellement répulsives? Pourrons-nous cesser de chercher chez nous la cause des difficultés de nos enfants? Saurons-nous un jour remplacer l'immobilisme du «pourquoi» par le dynamisme du «comment faire»?

L'autre vertu de cet ouvrage, la plus importante peut-être, c'est de nous ramener à réfléchir sur le fait d'être parents, et de nous inviter ensuite à l'action, à l'opinion personnelle, guidés, à l'occasion, par de moins ignorants que nous qui ne chercheront pas à nous remplacer.

Denis Gagnon

La lumière jaillira
Et je l'inviterai
À venir sous mon toit
Pour y tout transformer.
Jacques Brel.

Note de l'éditeur:

Le docteur Denis Gagnon occupe la fonction de vice-recteur à la recherche à l'Université Laval de Québec. Professeur à la Faculté de médecine de l'Université Laval depuis 1975, il a aussi été vice-doyen à la recherche de la Faculté de médecine de 1977 à 1986.

Remerciements

Des remerciements sont dus à Linda Maziade pour avoir corrigé et rendu le texte à sa juste forme française, de même qu'à Nicole Leblanc et Germaine Larose pour les heures supplémentaires de travail données à la dactylographie du manuscrit.

Je dois aussi des remerciements à Jacques Thivierge, Jean Delâge, Noël Montgrain et Suzanne Bergeron pour leur encouragement et leurs commentaires de fond sur les premières versions du texte.

Bruno Laplante, Guy Tremblay, Hugues Bernier, Mark Mercier, Georges Leblond, Renée Bergeron, Pierrette Boutin, Edith Côté, Janine Rheault, Martine Delorme, Lise Marcotte, Michel Bérubé, Jocelyne Drouin, Jacques Lambert, Bernard et Nicole Cyr, Sylvie D'Aigle, Jean-Maurice et Nicole D'Anjou, ont aussi contribué à améliorer la teneur du manuscrit.

TABLE DES MATIÈRES

PROLOGUE

**J'éprouve l'émotion la plus forte devant le
mystère de la vie...
Et j'ai l'intuition de la construction
extraordinaire de l'être. Même si l'effort
pour le comprendre reste disproportionné,
je vois la Raison se manifester dans la vie.**

— Albert Einstein —

Je m'adresse principalement aux parents. Une
profonde conviction m'habite: je crois que l'éducation
de nos enfants et le traitement de leurs troubles de
développement ne doivent pas nager dans de vagues
suppositions, ni être laissés aux aléas des «si», des
«peut-être» ou des «moi je crois» des nombreux
consultants, éducateurs et spécialistes qui les cô-
toient. J'ai d'abord hésité à aller de l'avant dans ce
projet d'écriture car deux avenues s'offraient à moi.
La première, une voie unique, m'acheminait vers un
ouvrage pavé des résultats de recherches méthodiques des quinze dernières années sur le développement de l'enfant. La seconde, une double voie, me
portait plutôt vers un travail où les données scientifiques entrecroiseraient l'opinion personnelle mais
clairement identifiable d'un soi-disant «expert». J'ai
finalement opté pour la seconde avenue, en me fiant
sur l'habilité du lecteur et de la lectrice à discerner,

à chaque coin de page, le simple avis personnel du clinicien, des résultats du chercheur.

Plusieurs motifs m'ont stimulé à élaborer cet ouvrage où se combinent résultats de recherches et hypothèses dérivées de l'expérience clinique. J'ai d'abord considéré qu'opinions pour opinions, face au manque criant de recherches contrôlées sur le développement de l'enfant, mes hypothèses positives valaient tout autant que les hypothèses négatives prévalant aujourd'hui dans le domaine. Intentionnellement, je soulève plusieurs idées nettement opposées au courant actuel qui tend à décocher automatiquement la flèche de la faute sur les parents d'enfants présentant un problème. Un autre facteur me motivant à ce travail, fut de constater le manque de confiance des parents en eux-mêmes les incitant à recourir souvent et trop rapidement à l'opinion d'experts et de consultants, quelle que soit leur origine corporative. D'autre part, ces «spécialistes» renforcent trop facilement la tendance naturelle des parents à s'auto-accuser. Je prétends que cette combinaison particulière s'opère au détriment de tous les enfants mais en particulier de ceux qui, par leurs qualités intrinsèques, sont plus vulnérables en raison de leur tempérament, d'un handicap physique ou mental ou pour quelque autre cause.

Vous constaterez que ce livre remue plusieurs croyances admises sur l'éducation et le développement émotif des enfants. Inlassablement, il vous ramènera à votre propre jugement, au sens commun que la grande majorité d'entre vous, parents, possédez déjà en vous-mêmes.

Les bonnes questions ne demeurent-elles pas préférables aux mauvaises réponses? Telle interrogation nous fait parfois hésiter et ainsi éviter une solution trop hâtive. Telle autre, suscitant l'incertitude, nous oriente vers un choix différent. Les questions nous soulèvent, nous transforment. Maintes fois, elles provoquent un changement favorable. L'assurance d'une réponse, et surtout la fausse assurance, risque de nous immobiliser, nous confondre ou nous méprendre. Les pages qui suivent remettent en question des prémisses ou des principes éducationnels que vous croyiez définitifs ou acceptés scientifiquement. Les «vraies» réponses au développement humain sont, hélas, encore bien rares. À défaut de résultats de recherches probants, les parents auront toujours comme principal guide pour l'éducation de leurs enfants, leurs seules réflexions et leur bon sens pratique. Depuis une vingtaine d'années, les parents ont été malheureusement trop portés à délaisser ce sens au profit de l'opinion d'experts basée sur des critères scientifiques douteux ou inexistants.

N'oublions pas qu'à ce jour, la méthode des recherches nous réfère davantage aux caractéristiques, aux pronostics ou aux facteurs de risque applicables à des groupes d'enfants et bien peu encore à des cas particuliers. Ainsi, le devenir de votre enfant, individuellement, ne se prévoit pas en laboratoire. Cette part d'incertitude se veut à la fois le sel de la vie des parents et une source d'inquiétude inévitable. Le plus souvent, vos craintes et vos interrogations ne correspondent pas à de l'anxiété maladive. Bien au contraire, elles font partie intégrante de la relation naturelle parent-enfant.

Certaines conclusions dérivant des recherches récentes vous surprendront peut-être et il est bien normal que vous n'adhériez pas immédiatement à tout ce qui est écrit dans cet ouvrage.

Mais le seul fait que sa lecture provoque réflexions et discussions sera l'humble réussite à laquelle j'aspire. Mes attentes seront tout autant comblées si les pages qui suivent vous permettent de prendre une saine distance critique face au galvaudage actuel des idées sur l'éducation des enfants.

Par ailleurs, cette distance sera tout aussi bénéfique aux spécialistes et aux consultants qu'à vous, parents. L'acquiescement des experts à cet ouvrage sera, de toute évidence, proportionnel à leur tendance à remettre en question leur mode de pensée.

Somme toute, si le présent ouvrage réussit à accroître d'un seul degré la confiance des parents en eux-mêmes, il atteindra son but.

*   *   *

Notes de l'auteur

Pour des fins pratiques, j'emploierai souvent le masculin dans le texte alors que le féminin doit y prendre autant de place. Ce livre s'adresse aussi bien au parent, plus souvent mère, qui élève seul ses enfants; le parent seul ne devrait donc pas se sentir exclu même si maintes fois il est fait référence aux familles biparentales et à l'autre parent de vos enfants. Enfin, le texte utilisera assez indifféremment les termes d'experts, intervenants, éducateurs, consultants, spécialistes ou thérapeutes pour signifier ceux qui disent connaître la «bonne manière» d'éduquer tous les enfants, particulièrement les plus difficiles.

Chapitre 1

CHAQUE ENFANT EST UNIQUE

«Qu'est-ce qu'un enfant? Une tentative toute fraîche de produire l'homme juste dans sa perfection: c'est-à-dire de rendre divine l'humanité».

«What is a child? A fresh attempt to produce the just man made perfect: that is to make humanity divine».

— Bernard Shaw —

La mère enfin blanchie

Peut-on croire que de nos jours, même pour l'autisme* infantile, il y ait encore des intervenants pour prôner que cette maladie naît de la froideur de la mère dans les premières années de vie de l'enfant. Pourtant les recherches indiquent maintenant, avec une clarté difficile à ignorer, que l'autisme est une déviation du développement reliée à un mauvais fonctionnement du cerveau, bien que la nature spécifique

---

* L'autisme est un trouble sévère du développement affectant 4 enfants sur 10,000 de notre population. L'autisme est caractérisé par l'apparition précoce (généralement avant l'âge de trois ans) de retrait ou de bizarreries dans les relations affectives, de troubles du langage et d'anomalies du comportement.

1

de ce mauvais fonctionnement soit encore indéterminée. En somme, la science ne peut encore cerner les causes précises derrière les différents sous-groupes d'autistes mais elle sait maintenant exactement que la cause n'est pas la mère. Cet exemple montre que dans l'attente des connaissances scientifiques qui éclaireront l'origine d'un trouble de développement chez l'enfant, les spécialistes ou la société trouvent le moyen d'en faire porter l'odieux aux parents. L'évolution sociale des idées sur les causes de l'autisme ressemble à celle de plusieurs autres troubles de développement ou troubles émotifs de l'enfant: dans l'ignorance ou devant le manque de recherches méthodiques, la tendance naturelle semble reporter la faute sur les parents. De façon générale, les parents acceptent le fardeau jusqu'à ce que des recherches éclairent les causes. De la même manière, l'évolution scientifique des causes de la schizophrénie a heureusement abouti aussi à relever les parents, la famille ou la mère, de l'entière responsabilité de cette affreuse maladie.

Malheureusement, les «experts» du comportement n'ont pas été les seuls à trop souvent reporter toute la responsabilité sur les parents. Étonnamment, les parents eux-mêmes s'accusent trop facilement au tribunal de la cause du développement de leur enfant. En fait, et vous en savez personnellement quelque chose, les parents constituent la meilleure machine à auto-culpabilisation qui existe dans les années actuelles. Dans ce contexte, les récentes recherches sur le tempérament de l'enfant révolutionnent à leur façon la conception de la responsabilité des parents face au développement de leurs enfants.

Et si l'on redécouvrait l'évidence

Chaque enfant est unique par son tempérament. Les enfants ne viennent pas au monde comme une

2

«tablette de ciro» prête à être modelée par l'éducation des parents. Nos enfants sont tous, au départ, très différents les uns des autres. Ils naissent avec leur caractère, leur tempérament intrinsèque ou, si l'on peut dire, la tablette de cire se compose d'un matériau moins malléable que l'on croyait à l'influence des parents et de l'éducation. En effet, selon certaines études, l'enfant présenterait dès le début de la vie un tempérament qui lui est particulier et assez bien mesurable. Ce tempérament influencerait par la suite son développement. Cette vision navigue à contre-flots des courants sociaux où baignent les tendances des spécialistes du comportement des récentes décennies. Ces derniers n'insistent-ils pas en effet sur les conditions extérieures faites à l'enfant comme principale influence ou source d'équilibre de son développement émotif?

Évidemment, depuis la nuit des temps, les parents savent bien que leurs enfants ont des caractères distincts. «Il n'y a là rien de neuf! Je le vois bien dans ma propre famille!», diront-ils. Les recherches scientifiques, tout en redécouvrant en quelque sorte cette évidence, fournissent une direction nouvelle pour la pratique des spécialistes et surtout pour leurs conseils aux parents.

Pour mieux comprendre le cheminement des idées concernant le développement émotif de l'enfant, retournons un peu en arrière. Dans les années 1950-60, les courants psychologiques prédominants, fortement teintés des idées de Freud et de la psychanalyse, mettaient l'emphase sur les premiers mois de la relation mère-enfant, sur les méthodes éducatives et les attitudes des parents. Le dogme de l'époque plaçait presque automatiquement la faute sur la mère. Celle-ci devait répondre du développement de son enfant et de l'apparition éventuelle, même tardive au cours de la vie, de troubles émotifs chez ce dernier.

Mais parallèlement, au milieu des années 50 débutaient les désormais célèbres «Études Longitudinales de New York» menées par deux chercheurs, Stella Chess et Alexander Thomas. Par leurs observations méthodiques des mêmes enfants et de leur famille, à partir des premiers mois de vie et au fil des années, ils conclurent que les attitudes parentales, et spécifiquement celles de la mère, étaient loin d'expliquer totalement le comportement de ces enfants. Ils développèrent ainsi la notion de «tempérament».

Ces deux chercheurs perçurent alors que les façons propres à un enfant de réagir, présentes très tôt dans sa vie, pouvaient influencer considérablement sa conduite et le cours de son développement affectif [1]. Ces qualités, qu'ils ont appelées «tempérament», n'excluaient pas la possibilité, bien sûr, de l'influence simultanée des méthodes éducatives et des attitudes parentales. Conséquemment, les parents ne devenaient plus, invariablement, les seuls responsables des troubles émotifs de leurs enfants.

Et voilà que la vapeur se renversait. Chess et Thomas, paradoxalement, soulevaient un grand raz-de-marée dans le monde des spécialistes et des experts de l'époque tout en calmant un peu le climat d'accusation et d'auto-accusation des mères. L'étude de New-York se continue encore de nos jours; les enfants de 1950 sont devenus aujourd'hui de jeunes adultes aptes à fonder leur propre famille. Mais si nous précisions davantage cette notion de tempérament.

La simplicité du concept de tempérament de l'enfant

Le terme «tempérament» désigne la manière particulière qu'a chaque enfant de réagir à son environnement. Le tempérament s'adresse au «comment» du comportement et non pas au «pourquoi», ce dernier touchant les raisons inconscientes et conscientes qui motivent les actions. Il s'agit donc d'un ensemble de traits réactionnels ou façons de réagir, innés, qui persistent plus ou moins avec les années, selon les individus et les circonstances. Bien entendu, ces traits innés demeurent constamment sous l'influence de l'environnement. Bien que le tempérament propre de l'enfant agisse sur son développement, il n'élimine aucunement la part de responsabilité des parents. Le concept de tempérament situe cependant la responsabilité des parents dans un autre contexte, nous le verrons plus loin. Par définition, la notion de tempérament insiste sur la particularité de chaque cas. Les recherches commencent tout juste à distinguer les rôles respectifs du tempérament et de l'environnement lors de l'apparition de troubles émotifs, à différentes périodes de la vie de l'enfant.

À la surprise de plusieurs sans doute, le tempérament de l'enfant se prête à une mesure méthodique. Soulignons que bien peu d'autres notions sur la personnalité, souvent très complexes et largement utilisées par les spécialistes, suivent d'aussi près les résultats de recherches méthodiques. Plusieurs études suggèrent que les traits de tempérament deviennent apparents ou mesurables vers le quatrième mois de vie du nourrisson. Les chercheurs peuvent ainsi tenter d'apprécier la relation entre ces traits et des attitudes parentales, ou avec d'autres caractéristiques de l'enfant tels son intelligence, ses capacités d'apprentissage, son comportement social, etc... On arrive ainsi à mesurer, avec assez de fiabilité, les traits de tempérament d'un bébé, à étudier son évolution au fil des ans et enfin, à évaluer l'effet de son tempérament sur son développement.

Comment ces mesures se font-elles? Imageons tout cela avec plus de précision en reprenant le modèle de tempérament de New York [1] qui est d'ailleurs maintenant étudié à travers le monde. Suivant ce modèle, vos bébés ou vos enfants plus âgés se distinguent à partir des neuf traits suivants:

1. **l'activité:** leur niveau de mobilité (d'activité) dans une journée; est-ce un enfant qui bouge beaucoup, qui court pour aller où il veut, etc.?

2. **la rythmicité:** la régularité ou l'irrégularité de leurs fonctions physiologiques (comme l'ingestion de nourriture, l'évacuation des selles ou des urines, le sommeil, etc...); a-t-il faim toujours aux mêmes heures; dort-il toujours le même nombre d'heures, etc.?

3. la forte **intensité** ou la faiblesse dans l'expression de leurs réactions émotionnelles (comme la peur, la joie, la tristesse, l'agressivité, etc...); par exemple, crie-t-il ou s'exprime-t-il très fort lorsqu'il est heureux ou fâché?

4. la **réaction d'approche ou de retrait** dans les premières minutes suivant l'apparition d'un nouveau stimulus dans leur entourage (comme un étranger, un jouet, un nouvel endroit, un objet jusqu'alors inconnu, etc...); va-t-il facilement vers un nouveau venu, a-t-il des craintes dans un nouvel endroit, etc.?

5. **l'adaptabilité** c'est-à-dire leur facilité à changer leurs habitudes précédentes pour s'adapter à un nouvel environnement après quelques jours ou semaines. Acceptera-t-il facilement des changements dans la routine, l'heure des repas, un nouveau groupe, ou cela l'inquiète-t-il?

6. le **seuil de sensibilité** aux stimuli extérieurs c'est-à-dire le degré d'intensité nécessaire aux stimuli pour évoquer une réponse observable, peu im-

porte la nature de la réaction ou la modalité senso-
rielle impliquée. Est-il sensible aux changements
de couleurs, d'odeurs, de température, etc.?
Passe-t-il des remarques à ce sujet?

7. la qualité générale de leur **humeur** (plaisante, positive, amicale ou bien irritable, déplaisante et négative) durant une journée ou une semaine. Est-il
   plus souvent souriant, enjoué ou au contraire
   neutre, renfrogné, boudeur, etc.?

8. le degré de **distractibilité** ou la facilité avec laquelle un stimulus extérieur peut altérer ou interfé-
   rer sur le comportement en cours. Le moindre
   bruit ou interférence le dérange-t-il dans une activité?

9. le degré de **persistance** à une même activité ou
   leur abandon rapide face à des obstacles. Par
   exemple, continue-t-il jusqu'à ce que ce soit terminé?

Les parents peuvent jusqu'à un certain point apprécier le style tempéramental de chacun de leurs
enfants et évaluer combien ils sont différents selon
quelques uns ou plusieurs de ces traits. Vous pouvez
en faire un peu l'expérience en utilisant l'échelle fournie en appendice à la fin de ce livre et voir de façon
plus concrète que le profil de chacun différera selon
le pointage obtenu au total pour chaque trait.

Quelques implications découlant du tempérament

Cette notion de «tempérament» est attrayante par
sa relative simplicité. Ceci contraste avec la complexité d'autres notions psychologiques donnant l'impression que seul l'expert possède les habilités à

comprendre. Comme parents, vous pouvez déchiffrer et interpréter le style de tempérament de votre enfant. Une fois admis que chaque enfant dispose de traits propres, le père et la mère y ajustent progressivement leurs attitudes et leurs demandes. Ce modèle implique que l'enfant se développera plus harmonieusement s'il existe une bonne complémentarité entre son tempérament et les attitudes parentales. À l'inverse, des problèmes émotifs ou des difficultés d'adaptation ont plus de chance de survenir si une mauvaise combinaison s'établit entre les traits de tempérament de l'enfant et les exigences des parents.

Illustrons d'abord par un exemple une bonne combinaison entre le style de l'enfant et les attitudes des parents. Les parents de Virginie** sont venus me consulter alors qu'elle avait quatre ans. Ces jeunes parents étaient référés par leur médecin de famille car leur fillette, depuis l'âge de douze à quinze mois, montrait les signes d'une grande timidité. Dernièrement, elle avait développé des comportements de forte résistance et d'opposition aux demandes de ses parents. Depuis un an en effet, on constatait que le comportement de Virginie allait en s'aggravant. Lorsqu'un étranger s'adressait à elle, elle faisait maintenant une crise intense qui mettait ses parents dans l'embarras. Récemment, alors qu'on l'amenait pour la première fois chez le coiffeur, Virginie avait crié à fendre l'âme; on avait dû la ramener à la maison sans arriver à lui couper les cheveux. Virginie en était venue au point où, si ses parents parlaient d'inviter de nouvelles personnes à la maison, elle faisait de violentes crises. Les parents interprétaient cette attitude comme une tentative pour empêcher l'invitation. Par contre, Virginie entrait facilement en relation avec sa gardienne habituelle et s'entendait bien avec les voisins ou les parents qu'elle côtoyait fréquemment.

** Les prénoms des enfants ont été bien sûr changés.

Pourtant, le père et la mère n'éprouvaient aucune difficulté avec la sœur de Virginie âgée de huit ans. Les parents voyaient arriver avec appréhension les débuts scolaires de Virginie: comment allait-elle s'adapter à la maternelle? Ils formulaient donc le problème dans le sens d'un «blocage affectif» ou d'une carence émotionnelle que leur fille aurait vécue plus jeune, en raison du travail à l'extérieur de la mère. Bien entendu, au même titre que bien des mères travaillant hors du foyer, celle de Virginie était portée à se culpabiliser et à croire que son travail avait nui au développement affectif de sa fille. Ainsi, selon la mère, la détérioration des attitudes et des comportements de Virginie confirmait sa croyance en un «complexe» ou un «blocage affectif» chez l'enfant.

Déjà quelques mois avant notre rencontre, les parents de Virginie se proposèrent de se montrer plus fermes avec elle. Elle était maintenant «en âge de comprendre», pensaient-ils. En plus de lui expliquer les situations avant qu'elle n'y soit confrontée et de la préparer à affronter de nouvelles circonstances, ils décidèrent de l'encadrer davantage. Ils lui donnèrent même de petites punitions telles que la retirer dans sa chambre ou lui enlever des privilèges si elle résistait trop à leurs demandes. Les parents remarquaient, depuis quatre mois, une sensible amélioration. Virginie manifestait verbalement davantage ses craintes au lieu de réagir par des crises. Récemment, elle avait volontiers accepté d'aller chez le coiffeur. Elle venait de débuter la maternelle et, bien que les premières semaines aient été difficiles, avec l'aide du professeur, Virginie s'était adaptée en cinq ou six semaines et commençait à se mêler aux autres enfants.

Bref, dans le cas de Virginie, mes interventions de consultant se résumèrent presque uniquement à clarifier aux parents que chaque enfant venait au

NOS ENFANTS SONT UNIQUES, CHACUN NAIT AVEC SES DIFFÉRENCES. VOILÀ POURQUOI CE QUI RÉUSSIT AVEC L'UN PEUT ÉCHOUER AVEC L'AUTRE.

monde avec son propre tempérament. Virginie présentait certainement des traits distincts de ceux de sa sœur Marie-Ève, puisque toutes deux étaient vraisemblablement aimées de la même façon et avaient reçu une éducation similaire. Depuis sa première année de vie, Virginie montrait des réactions émotionnelles intenses. Elle se retirait davantage devant de nouvelles personnes ou de nouvelles situations. Elle s'adaptait moins rapidement à de nouveaux environnements et de plus, elle persistait longtemps sur la même idée ou dans la même activité. J'exprimai mon désaccord aux parents sur l'idée d'un «blocage affectif» ou d'un manque d'affection en leur expliquant que Virginie faisait tout simplement partie des 5 à 10% d'enfants caractérisés par des traits extrêmes de tempérament, ce qui la rendait plus difficile à éduquer par ses parents. J'ajoutai que ces caractéristiques, même extrêmes, s'inscrivaient dans la normalité et l'individualité de chaque être humain. De plus, les parents furent encouragés à continuer ce qu'ils avaient déjà amorcé depuis quatre mois: préparer et supporter Virginie avant qu'elle n'aborde une situation nouvelle, et user de petites punitions consistantes et appropriées à ses gestes lorsqu'elle ripostait et dépassait les limites acceptables pour son âge. Les parents ont rapidement compris qu'ils devaient développer avec Virginie des attitudes différentes de celles adoptées avec Marie-Ève. Enfin j'avisai les parents que possiblement pour quelque temps encore, ils devraient prévoir pour Virginie une période d'adaptation de plusieurs semaines lorsqu'elle se trouverait devant une situation inconnue, un nouveau groupe ou un nouveau professeur.

En attendant le résultat de recherches plus probantes sur la meilleure façon de l'éduquer, tout parent, en présence d'un enfant au tempérament plus difficile, aurait probablement avantage à porter attention aux **quatre grands «C»**: pas de **Culpabilité**, pas de **Camouflage**, davantage de **Cadre** et pas de **Com-**

paraison. Pour illustrer ceci, les parents de Virginie auraient pu agir autrement et de manière à nuire à l'enfant en ne prenant garde aux quatre «C». Certes le père ou la mère s'était au départ un peu culpabilisé mais ils étaient susceptibles, comme bien d'autres, de se torturer énormément plus, jusqu'à ressentir de l'anxiété et du remords envers l'enfant. Ces sentiments les auraient éventuellement paralysés dans leurs efforts pour modifier le comportement résistant de l'enfant. En clinique, il m'est arrivé souvent de rencontrer des mères qui, dans une telle situation, songeaient ou avaient même décidé de quitter leur travail et ce, au détriment de leur carrière ou de leur propre épanouissement. Il est certain qu'avant de conclure que son travail hors du foyer est la cause du problème avec son enfant, une mère devrait revoir d'autres facteurs plus probables.

Les parents de Virginie avaient également la possibilité d'adopter plusieurs autres attitudes:

— Attendre encore un peu avant d'agir, camoufler le problème ou encore, craignant qu'une discipline plus ferme ne replie l'enfant sur elle-même, refuser mes conseils d'appliquer des conséquences immédiates aux crises intenses de l'enfant pour l'aider à se contrôler elle-même.

— Comparer Virginie négativement à Marie-Ève, son aînée. Critiquer la première et interpréter que leurs attitudes parentales, ayant bien fonctionné avec Marie-Ève, devraient tout autant agir sur Virginie. Au pire, ces parents pouvaient refuser d'adapter leurs attitudes aux différences de tempérament de Virginie et se contenter de voir en elle une enfant entêtée qui cherche uniquement à les manipuler.

La notion de tempérament a souvent pour effet de déculpabiliser les parents; ceux-ci constatent qu'ils ne sont plus l'unique cause du problème sans pour autant désavouer l'importance de s'ajuster au style de leur enfant. La notion de tempérament extrait les parents et l'enfant d'un cercle vicieux où l'on cherche le coupable, le fautif. Elle permet une reformulation positive des difficultés. L'enfant devient en partie victime de son tempérament plutôt que l'auteur de tentatives délibérées de mises en échec de ses parents. Ceux-ci assument ainsi un rôle de support et de guide auprès de leur enfant pour que ce dernier modifie progressivement son style propre de tempérament.

Certains enfants sont plus difficiles à comprendre et à éduquer

Une déduction s'impose alors: certains enfants, par rapport à d'autres, naissent avec des traits de tempérament plus difficiles ou moins désirables. Ceux-là, en conséquence, solliciteront ou mettront davantage à l'épreuve les capacités parentales. En d'autres termes, à amour égal et à éducation égale, l'enfant peut évoluer différemment, ne serait-ce qu'en raison de son tempérament propre. Les études de New York puis d'autres, comme celles de Québec [2,3], indiquent en effet que certains profils de tempérament peuvent rendre un enfant plus difficile à éduquer ou à discipliner. Ce type de tempérament, principalement composé de quatre parmi les neuf traits précédemment mentionnés, accentuerait le risque d'apparition de troubles émotifs. Il caractérise des enfants portés vers une réaction de retrait devant de nouvelles situations ou personnes, peu adaptables, généralement d'humeur négative et très intenses dans l'expression de leurs émotions.

Les recherches ont bien identifié dans plusieurs pays cet ensemble de traits chez le nourrisson et chez l'enfant plus âgé [2]. De plus, une étude de Québec suggère que ces enfants développent davantage des attitudes opposantes que leurs frères et sœurs, qu'ils résistent plus aux règles de la maison et qu'à la limite, ils mettent plus facilement en échec les attitudes d'autorité ou le contrôle de la part des parents. Ces derniers, par des attitudes plus efficaces ou exceptionnelles de discipline, amoindriraient avec le temps le risque associé à ces traits de tempérament. En d'autres termes, de telles attitudes diminueraient les chances d'apparition de troubles de comportement sérieux à la maison et à l'école chez les enfants présentant ce profil de tempérament [3]. Cette discipline optimale s'exercerait par l'établissement d'un meilleur consensus entre les deux parents au sujet des exigences envers l'enfant, par des règles claires dans la famille et par une bonne consistance sous forme de conséquences lorsque l'enfant ne respecte pas les règles. Nous reviendrons plus loin sur ces attitudes.

Dans ce sens, l'histoire de Guillaume** et de ses parents suscite autant d'intérêt que le cas de Virginie. Les parents de Guillaume ont pris plus de temps à reconnaître et accepter les traits extrêmes de tempérament de leur fils. Conséquemment, ils furent plus longs à y ajuster leurs attitudes. Guillaume, enfant unique, avait six ans lorsque des personnes rattachées à l'école suggérèrent à ses parents de me revoir car on voulait l'orienter vers une classe dite spéciale.

Les parents m'avaient déjà consulté lorsque Guillaume avait trois ans. À cette époque, le médecin de famille me référait l'enfant pour son agitation et son opposition. Sans raison apparente, Guillaume devenait facilement très agressif envers les autres enfants. Il mordait, tirait les cheveux, donnait des coups aux amis. Il démontrait les mêmes attitudes envers ses parents lorsqu'ils essayaient de le contrôler. Guillaume présentait un comportement problématique depuis qu'il avait acquis la marche. On avait de la difficulté à l'alimenter et il s'opposait depuis toujours à presque toutes les règles qu'on cherchait à lui faire suivre. Le père et la mère travaillaient à l'extérieur. En plus de le définir comme très peu adaptable, une mesure du tempérament de Guillaume le situait alors au pôle extrême quant à l'intensité de ses réactions émotionnelles et à son humeur généralement négative.

Par ailleurs, les parents présentaient des difficultés de couple. Ils éprouvaient beaucoup de mal à communiquer. La mère se sentait très insatisfaite du support et des attentions qu'elle recevait du père et tous deux montraient un désaccord grave et constant au sujet des exigences et des règles à appliquer à leur enfant. En résumé, le style de Guillaume, très résistant, faisait une bien mauvaise combinaison avec la tension entre les parents et leur difficulté à instaurer une discipline ferme et consistante pour leur enfant. Cette situation devenait d'autant plus néfaste que le tempérament de Guillaume aurait probablement nécessité, depuis son tout jeune âge, plus de discipline et de fermeté qu'un autre enfant. Le père et la mère comprirent d'abord ce problème et travaillèrent progressivement leur façon de s'entendre sur des exigences et des règles dans la famille et sur l'application de punitions et récompenses adaptées aux attitudes de Guillaume: par exemple, retrait de quelques minutes à chaque fois que l'enfant passait outre une règle en plus de quelques autres attitudes sur lesquelles nous reviendrons dans le chapitre suivant. Après deux mois, sept rencontres avec la famille, les parents remarquèrent un changement important dans le climat familial dû à une amélioration de leur entente et à un meilleur contrôle des comportements de leur enfant. Guillaume, de ce fait, contribuait moins à perturber le climat familial et vice-versa. Les parents situaient le progrès des comportements de leur fils à environ 80%.

Les parents vinrent me rencontrer quatre mois plus tard pour estimer l'évolution du changement obtenu: nous nous accordons alors pour constater une détérioration d'environ 50%. D'une part, nous attribuons ce recul au fait que le père ait fortement diminué son support à la mère et, d'autre part, au fait que les parents aient recommencé à répéter et à crier. L'habitude antérieurement acquise d'allouer une conséquence tranquille et immédiate lorsque leur fils passait outre les règles ne tenait plus. En quittant mon bureau, les parents décidèrent de reprendre la situation en main et de nouveau, ils obtinrent en quelques semaines un contrôle acceptable sur les comportements de Guillaume. Après deux mois, conscients des interactions entre eux et leur fils, ils décidèrent d'un commun accord de cesser les rendez-vous.

Mais revoilà Guillaume à six ans. Il s'oppose et s'agite à la maternelle. Il tarde dans ses apprentissages d'où l'idée de l'acheminer dans une classe spéciale pour enfants immatures. Lors de la première rencontre, les parents m'expliquent que Guillaume est redevenu très opposant aux repas, il refuse de se coucher à l'heure proposée, il est impoli et grossier. À ma question sur leurs attitudes, ils répondent qu'ils ont encore relâché les habitudes prises en traitement deux ans et demi plus tôt. Leur vie de couple se révèle plus pénible en raison de la déception de la mère face à son mari qui lui prodigue encore moins d'attention et de support qu'auparavant. De plus, la situation s'envenime par la récente perte d'emploi du père. La question financière crée des tensions et donne l'impression au père qu'il ne vaincra jamais ses problèmes. De plus, la mère se dit persuadée cette fois de ne pas avoir «d'instinct maternel». Elle se sent agressive envers son fils et ressent de l'embarras à lui donner de la tendresse. Elle est certaine que son attitude est LA cause du problème. En

somme, «Guillaume me tombe sur les nerfs» ajoute-t-elle en pleurs.

Nous rediscutons du fait que Guillaume ne souffre probablement pas de maladie mentale. Nous clarifions la grande difficulté, voire la quasi-impossibilité, pour toute mère, d'exprimer tendresse et affection à un enfant qui s'en tient à la mettre constamment en échec; il ne s'agissait donc pas d'une absence «d'instinct maternel». Je réitère cependant mon opinion à l'effet que les traits extrêmes de tempérament de Guillaume font une mauvaise combinaison avec le climat familial et les attitudes des parents. Cela, doublé d'une solide confrontation pour les convaincre que le problème ne réfère ni totalement à Guillaume, ni totalement à eux, mais plutôt à une complémentarité défectueuse entre les deux parties, les amène à reprendre la barre. Ils acceptent de retravailler leur communication maritale de même que leurs attitudes de fermeté et de consistance face à l'enfant. Rapidement, en quelques sessions, les parents reprennent le contrôle sur les comportements opposants de leur fils. Celui-ci devient lentement plus communicatif et cesse ses comportements bizarres à l'école ou dans la rue. Les parents sont réconfortés par leur réussite. Une rencontre à l'école permet à Guillaume de tenter une insertion dans une classe régulière de première année plutôt que dans un groupe d'enfants spéciaux. Après deux ans d'évolution, Guillaume continue une deuxième année régulière avec un bon rendement académique. Les parents, après certains moments de relâche, conservent un contrôle satisfaisant sur l'opposition passagère de Guillaume qui continue à s'améliorer socialement. Les parents ont certainement travaillé fort mais ils ont réussi pour une bonne part. Par la suite, la mère a de nouveau fortement ressenti et vécu le manque d'attention et d'affection de la part du père. Elle est parvenue à discuter avec lui d'une possible séparation; leur problème de couple, cette fois-ci, fut circonscrit à leur vie conjugale et ne

18

dilua pas leur accord sur les demandes et les règles face à Guillaume. Ce dernier continue son cheminement positif.

Il s'avérait primordial que les parents de Guillaume ne se considèrent pas comme l'unique cause du problème de l'enfant et qu'ils tiennent compte aussi, tout comme le consultant, de l'effet que produit l'enfant sur la famille.

Agir ou bien se culpabiliser? Une décision

Je vous avouais précédemment ma conviction que les parents en général s'auto-accusent trop et inconsidérément. Je possède également une autre conviction: celle que la culpabilité immobilise. Et si vous aviez un enfant qui, depuis son tout jeune âge, présentait des traits de tempérament moins désirables face à vos valeurs éducationnelles, surtout ne laissez pas cette culpabilité qui guette tous les parents s'immiscer en vous. Ne vous rendez pas coupables, prenez juste vos responsabilités. Certes, vous faites face à un problème, mais en porter l'odieux n'en viendra sûrement pas à bout. À la culpabilité, je préfère une action bien orientée.

Je vais faire une affirmation qui va peut-être détonner face à ce que vous avez compris de quelques livres ou d'autres courants de pensées sur le développement de l'enfant: vous vous méprenez probablement en vous accablant trop vite de toute la faute du problème de votre enfant. Une culpabilité excessive ne mène nulle part, elle nous fait nous déprécier, elle mine nos énergies, elle ronge l'image de soi pour finalement nous faire dévier les torts sur les autres et provoquer l'amertume. Lorsque, comme parents, vous vous culpabilisez, vous avez presque toujours tort. Peut-être avez-vous partiellement raison de penser que vous pouviez agir mieux avec votre enfant dans le passé mais en vous rongeant de remords, vous nuisez présentement à vous-même et à vos enfants.

Réévaluez positivement vos attitudes. Sauf dans de rares cas extrêmes, je n'ai jamais rencontré dans toutes mes années de pratique, un parent qui sciemment voulait nuire à son enfant. Même l'infime fraction de parents qui battent leurs enfants et en abusent se révèlent pour la plupart des malheureux qui ont vécu la pire des enfances. L'immense majorité des familles rencontrées dans ma clinique essayait d'agir pour le mieux. Certes, elles pouvaient avoir été mal conseillées dans le passé ou avoir choisi maladroitement leurs ressources mais indéniablement, les parents voulaient bien faire. Prenez simplement vos responsabilités et réévaluez positivement vos attitudes. Réfléchissez et parlez-en avec votre compagnon de vie ou avec des personnes proches de vous qui méritent votre confiance.

Et enfin, agissez. Après réflexion et entente avec l'autre parent de vos enfants [s'il y en a un] tentez différentes attitudes. Vous décidez ensemble d'un changement d'attitude face à votre enfant et vous allez de l'avant. Je ne connais personne qui a réussi à se changer ou à changer une situation en s'abîmant dans ses ruminations culpabilisantes. Contrairement à ce qui a été véhiculé notamment par la psychanalyse, ce n'est pas la seule analyse de vous-même qui provoquera un changement. Comprendre ne suffit pas et se contenter de comprendre conduit à la stagnation. L'action, et non pas l'attente ou l'expectative, nous apprend le mieux à nous connaître, à nous perfectionner et à connaître notre enfant. Essayez de nouvelles attitudes et selon l'âge de votre enfant, demandez-lui s'il a remarqué un changement. Discutez avec lui et avec l'autre parent de cette transformation, si minime soit-elle. Surtout n'acceptez pas les conseils ou les avis de personnes qui vous porteraient

à vous culpabiliser. J'ai remarqué, hélas trop souvent, que les parents amorçant un changement, subissent de la part de leur entourage une influence négative ou reçoivent des messages portés à les faire abandonner.

*   *   *

Chapitre 2

LA DISCIPLINE EST UNE FORME D'AFFECTION

**Vous êtes les arcs par qui vos enfants,
comme flèches vivantes, sont projetés. L'Archer
voit le but sur le chemin de l'infini et Il vous tend de
Sa puissance pour que ses flèches
puissent voler vite et loin...
Car de même qu'Il aime la flèche qui vole,
Il aime l'arc qui est stable.**

— Khalil Gibran —

Il ne faut pas chercher dans les lignes qui vont suivre une recette ou une panacée à appliquer de façon systématique à tous les enfants. Ce livre a pour but de vous faire réfléchir sur vos attitudes parentales et sur les interactions régissant le fonctionnement de votre famille. Il serait inopportun d'espérer y trouver des principes généraux à utiliser automatiquement avec tous les enfants. C'est à la lumière de ceci que vous devez lire et interpréter les suggestions qui suivront.

Les grands principes ne suffisent pas

Il existe plusieurs grands et bons principes d'éducation des enfants. La vraie sagesse ne consiste pas à les connaître tous par cœur mais plutôt à tenter de les adapter à chaque situation particulière. Comme nous l'avons vu, il est maintenant bien démontré que les enfants viennent au monde différents les uns des autres. Ne serait-ce qu'en raison de ceci, les principes généraux ne peuvent s'appliquer systématiquement à tous les enfants. C'est pourquoi vous devez revenir à l'utilisation de cette capacité de discernement qui est en vous. Les parents l'ont toujours possédée en eux-mêmes, il s'agit tout simplement de l'éveiller à nouveau, d'y faire appel. Il se peut, par exemple, qu'un de vos enfants nécessite davantage d'encadrement, de discipline ou de fermeté que ses frères et sœurs. Plusieurs parents constatent en effet que, même en prodiguant un amour égal à chacun et en adoptant des attitudes à peu près semblables, il arrivera qu'un enfant en particulier se distingue des autres par sa tendance à résister aux demandes de ses parents, à toujours tirer la corde un peu plus longue de son côté, à ne pas donner autant d'efforts à l'école que ses frères ou sœurs. Chaque enfant se distingue par son tempérament propre et il assimile différemment, à partir du bas âge, les opportunités et la stimulation sociale et affective. Ainsi, les mêmes attitudes d'attention, les mêmes messages exprimés par les parents peuvent être compris et intégrés différemment par chaque enfant d'une même famille.

La discipline est aussi une façon de communiquer

Imposer des règles claires à son enfant, proportionnellement à son niveau d'âge chronologique et mental, est certes une façon de l'aimer et d'assurer son développement optimal. C'est également une façon d'entrer en relation avec lui. Quelques études, encore trop peu nombreuses, suggèrent en effet que certaines attitudes parentales de discipline envers l'enfant influencent son développement ou l'apparition éventuelle de problèmes émotifs. D'après les recherches [4], il n'existe certainement aucun risque ou désavantage pour l'enfant (a) à ce que les règles et exigences dans une famille se définissent clairement, y compris les comportements jugés inacceptables, (b) à ce que les parents supervisent, c'est-à-dire se tiennent au courant des gestes et activités de leurs enfants ou adolescents en dehors de la maison afin d'y répondre d'une façon efficace et (c) à ce que les parents **agissent** selon le comportement de l'enfant par des renforcements positifs (récompenses, félicitations, bons mots, etc.) ou des punitions de façon consistante ou prévisible, suivant un plan d'actions plutôt que par des cris ou des répétitions verbales continuelles. Ce plan d'actions doit permettre d'obtenir le comportement désiré et ainsi résoudre les conflits au sujet de la discipline en éliminant les tensions chroniques à ce sujet. Les études [4] suggèrent que ces trois caractéristiques font davantage défaut dans les familles où se trouvent un ou plusieurs enfants au comportement agressif ou délinquant. Ceci porte à croire que la pratique de ces attitudes par les parents pourrait prévenir d'éventuels troubles chez leurs enfants.

J'emploie le terme «discipline» dans un sens positif: donner une discipline à son enfant équivaut à lui tracer une ligne, l'orienter, lui donner une direction. C'est l'aider à entrer en relation avec les autres, lui apprendre à contrôler ses impulsions et ses désirs du moment, à prendre un temps de réflexion avant d'agir et enfin, à penser aux bénéfices à moyen ou long terme plutôt qu'aux seuls avantages à court terme.

De plus, l'ordre et le calme dans le milieu familial favoriseront davantage les moments propices à une communication efficace et affectueuse. Dans une situation constante de bruit, de chaos et d'agitation, il est difficile de saisir l'opportunité d'un dialogue et il est plus rare encore que surgissent spontanément de tels moments. Plusieurs pères et mères se plaignent, lors de visites à mon bureau, de ne plus avoir de temps pour parler avec leurs enfants et d'être sous le joug d'un régime de vie trop actif en raison particulièrement de leur travail respectif à l'extérieur. Je préfère alors leur reformuler ce problème ainsi: beaucoup de familles où les deux parents travaillent à l'extérieur du foyer n'ont malheureusement pas réajusté les règles familiales en fonction du temps disponible pour les contacts familiaux. Le temps qui reste à la famille est d'ailleurs considérable s'il est bien géré. La difficulté pour ces familles réside en grande partie en ce que la période pouvant être allouée aux enfants correspond aussi au temps de repos nécessaire aux parents, soit les fins de journée et de semaine. Mais paradoxalement dans beaucoup de familles, ces heures communes sont gaspillées en grande partie à répéter de multiples fois les demandes aux enfants, à faire des remontrances, à gronder sans cesse ou encore inversement, à endurer et à laisser aller l'agitation ou l'opposition des enfants en espérant qu'arrive l'heure du coucher. Dans certains cas, la période de coucher peut même s'étendre sur trente ou soixante minutes d'agitation ou de «rechignement», ce qui crée nécessairement stress et friction dans la relation entre l'enfant et ses parents. Alors la machine parentale d'auto-accusation entre peu à peu en action: les parents en viennent naturellement à mettre la faute de tout ce chaos sur le travail à l'extérieur de la mère, plutôt que de penser à ajuster les exigences et les demandes aux enfants au rythme de vie quotidien de la famille.

AUCUN GRAND PRINCIPE D'ÉDUCATION NE S'APPLIQUE SYSTÉMATIQUEMENT À TOUS LES ENFANTS

Pour ne citer qu'une situation, et plusieurs s'y reconnaîtront, beaucoup de parents éprouvent des réticences à établir des règles claires et des exigences face à leurs enfants afin qu'ils accomplissent, dans la maison, certaines tâches qui sont appropriées à leur niveau d'âge. Ils s'y refusent sous prétexte de ne pas mettre une pression indue sur leurs enfants, pression générée souvent, selon eux, par le désir de la mère de travailler à l'extérieur. Cette générosité déplacée des parents peut déséquilibrer le climat familial en versant toute la pression sur eux-mêmes. De plus, le chaos qui dure toute ou une partie de la soirée, gruge leurs énergies nécessairement limitées. Forcément, ils ressentent encore davantage leur manque de force ou de temps à donner à leur enfant et le cercle vicieux se perpétue.

J'ai par contre souvent constaté que lorsque les parents définissent des règles claires dans la famille, avec des conséquences positives ou négatives immédiates, le calme pouvait se rétablir en quelques semaines. Contrairement à l'opinion de plusieurs parents, ces attitudes fermes n'ont pas brimé les enfants pas plus qu'elles ne les ont fait se refermer sur eux-mêmes. Le calme généré par ces nouvelles attitudes parentales a plutôt facilité l'ouverture et la communication dans la famille. La raison probable en est bien simple: les parents et les enfants ont maintenant le temps de se rencontrer. Les tâches quotidiennes, qui prenaient des heures à se faire, ne nécessitent maintenant que quelques minutes. Le temps considérable ainsi récupéré favorise d'autant plus les périodes de communication qu'il détend l'atmosphère familiale en éliminant les frustrations.

Rappelons aussi que le cercle vicieux et dysfonctionnel mentionné plus haut peut également se trouver dans des familles où la mère travaille à la maison. Cependant, la disponibilité reconquise au moyen de règles claires se veut encore plus importante dans les familles où le père et la mère travaillent à l'extérieur ou encore dans celles où la mère est seule et pourvoit financièrement à la famille, puisque le type d'horaire de ces familles complique davantage la réalisation des tâches quotidiennes.

Pensez au facteur concorde

Une famille active doit bien gérer son temps afin de favoriser les contacts avec les enfants. Sans l'établissement de règles clairement déterminées dans la famille, il devient ardu de disposer du temps nécessaire au rapprochement avec deux ou trois enfants et encore bien davantage, si un des enfants se montre plus difficile que les autres. Plusieurs avantages se rattachent à l'utilisation du facteur **CONCORDE,** un terme «aide-mémoire» qui agglomère les premières lettres de trois attitudes: **CON**sensus parental, **CO**nsistance et **R**ègles **DÉ**limitées. Le facteur **CONCORDE** consiste en effet en trois éléments très précis, facilement compréhensibles et applicables:

1. un bon consensus entre le père et la mère concernant les règles et les exigences envers les enfants;

2. une consistance dans l'application de conséquences lorsque les règles ne sont pas respectées;

3. des règles délimitées et stipulées très clairement aux enfants.

Ce facteur est le résultat de plusieurs années de travail de cliniciens expérimentés en thérapie familiale de l'Université McMaster en Ontario et de l'Université Brown du Rhode Island. Nos propres travaux à Québec démontrent aussi que ce facteur se mesure de façon fiable et qu'en son absence, dans certaines familles, le risque de troubles de comportement peut augmenter chez les enfants présentant des traits de tempérament difficile [3]. Pour vous donner un exemple, prenons une situation de fréquent échec des parents devant un enfant qui s'oppose à une exigence pourtant bien simple et raisonnable comme de ramasser ses vêtements dans sa chambre. Jusqu'à maintenant, vous n'avez peut-être fait que répéter ou vous vous êtes fâchés sans résultat. Le facteur **CONCORDE** vous suggère donc ceci.

1. Établissez une règle claire. Je suis surpris de constater, dans ma pratique, à quel point les parents croient avoir clairement défini les règles dans leur famille alors que les enfants ne les ont pas vraiment comprises. Dans notre cas précis, une règle bien délimitée s'énoncerait ainsi: «le nombre de vêtements n'étant pas proprement placés dans la commode, la garde-robe ou l'endroit indiqué pour le linge sale sera compté à neuf heures le matin». Il est parfois utile d'écrire et d'afficher la règle pour un certain temps. Cette dernière doit inclure la conséquence précise qui surviendra automatiquement si la règle n'est pas respectée, par exemple: «0.05 par vêtement qui traîne à chaque jour seront enlevés à l'allocation hebdomadaire de 0.75 donnée le samedi». Je réitère l'utilité d'écrire aussi la conséquence précise que contient la règle. Ceci aidera, entre autres, à éviter que vos punitions soient impulsives ou exagérées. Il vaut souvent mieux une conséquence adaptée, sur le fait et à chaque fois, qu'une grosse punition de temps à autre. Une conséquence différente

peut correspondre à chacune des règles. Les conséquences possibles comprennent toutes sortes de pertes de privilèges déjà acquis dans la famille: allocation, perte pour quelques jours de la bicyclette, des jeux électroniques, de la T.V. couleur, du dessert, etc... Ce genre d'attitude s'applique à presque toutes les règles familiales comme celles qui touchent les tâches quotidiennes et hebdomadaires à accomplir, les heures d'entrée, la politesse, les périodes de travaux scolaires, etc... Mais comment savoir quelles sont les règles raisonnables à établir pour les enfants? Bien sûr cela dépend de vos valeurs et c'est encore votre bon sens, la réflexion et la discussion avec l'autre parent qui répondront le mieux à cette question. Pour vous aider à juger de l'à-propos d'une règle ou d'une exigence envers votre enfant, il est souvent bon de vous demander si celle-ci dérive de votre besoin personnel, d'un goût égoïste ou d'un caprice de parent, ou bien s'il s'agit d'une demande que vous imposez afin qu'il apprenne le partage et les règles de la vie en groupe, pour son propre bien et celui de la famille.

2. Il est primordial que le père et la mère s'accordent sur les points précis des différentes règles **avant** de les expliquer aux enfants en leur demandant leurs questions et commentaires. La liste des règles dans une famille peut facilement s'étendre, avec les mois, jusqu'à environ une douzaine.

3. La consistance des parents est tout aussi essentielle: huit à dix fois sur dix, lorsque l'enfant outrepasse la règle, la conséquence doit être appliquée rapidement par le parent ayant observé le comportement indésirable. En situation d'autorité, au moment où un enfant passe outre à une règle, vous n'avez plus à en discuter. Vous parlez peu et

agissez vite selon la conséquence déjà bien stipulée.

Bien entendu, le consensus entre les parents préviendra que l'un annule la punition de l'autre, ce genre d'inconsistance ayant la plupart du temps un effet dévastateur sur l'image d'autorité des parents.

Je rencontre parfois des parents qui adoptent une nouvelle attitude de type **CONCORDE** pour la laisser tomber après cinq ou six semaines lorsque les enfants se sont améliorés. Bien entendu, la situation revient vite à «l'ancienne» lorsque les enfants s'aperçoivent que les parents ont perdu leur consistance. Vous devez donc réappliquer la conséquence automatiquement, positivement et sans avertissement initial, même si cela fait six semaines ou deux mois que l'enfant n'a pas passé outre à la règle. Je spécifie que les enfants réagissent chacun à leur façon, selon leurs différences individuelles, à ce type de règles familiales. Avec certains enfants intrinsèquement plus faciles, vous pouvez vous permettre de laisser faire deux ou trois fois sur dix sans appliquer la conséquence et cela, sans que ces enfants plus malléables ne tentent de prendre le contrôle. Par contre, avec certains enfants plus difficiles et persistants, vous allez remarquer que si vous n'êtes pas fermes dans toutes les occasions ou presque, ils réessaieront de contourner la règle ne serait-ce que pour bénéficier des rares fois où la conséquence n'est pas appliquée. Nous reviendrons sur les différences individuelles des enfants par rapport à ce type de règles.

L'heure du coucher, une situation qui cause souvent problème, peut être solutionnée de la même façon grâce à la méthode **CONCORDE:**

a. heure précise du coucher et conséquence clairement établies au départ. Par exemple, le coucher se fera trente minutes ou une heure plus tôt le lendemain si l'enfant outrepasse l'heure prévue ou tente plusieurs fois de se lever;

b. consensus entre les parents;

c. plus aucun avertissement une fois que la règle est établie, expliquée et que les enfants ont pu s'exprimer; vous appliquez avec consistance la conséquence lorsque l'enfant ne l'observe pas.

Je souligne l'utilité du moyen pris par plusieurs parents, soit une allocation monétaire hebdomadaire, pour récompenser l'enfant d'avoir bien respecté le fonctionnement de la famille; on enlève par la suite de cette allocation un petit montant proportionnel au nombre de fois où l'enfant a transgressé la règle.

Le facteur **CONCORDE** s'inspire aussi de techniques développées par un groupe de chercheurs de l'ouest des États-Unis. En plus d'être efficaces dans la vie familiale de tous les jours, ces attitudes parentales se sont montrées utiles avec les enfants portés à être très opposants et agressifs [5]. Vous remarquerez qu'elles éliminent d'emblée toutes invectives de la part des parents, les répétitions continuelles sur le dos de l'enfant, les colères ou les fessées. Il s'agit d'attitudes claires et automatiques qui excluent les longues interactions négatives parents-enfants.

À tort, la discipline fait peur aux parents

Les familles en difficulté rencontrées dans le cadre de mon travail de consultant ainsi que mes nombreuses rencontres avec des familles lors de recherches menées dans la population générale, m'ont permis de relever, depuis les quinze dernières années, quelque cinq facteurs pouvant expliquer la tendance au laxisme dans les normes de discipline imposées aux enfants.

AIMER VOTRE
ENFANT POUR
CE
QU'IL EST,
C'EST BIEN.
MAIS L'AIMER
POUR CE QU'IL
DEVIENDRA,
C'EST MIEUX.

AIMER VOTRE ENFANT
C'EST DONC AUSSI L'AIDER
À SE DISCIPLINER.

Premièrement, certains parents réagissent encore aux méthodes souvent trop strictes avec lesquelles les générations précédentes de parents ont appliqué des limites ou des exigences. Vous êtes peut-être de cette fraction de parents en réaction qui favorisent des attitudes nettement opposées, c'est-à-dire un quasi laisser-faire des enfants selon leur bon vouloir ou leur désir du moment. L'excès de ces attitudes de contrepoids provient en partie d'une compréhension incomplète des agissements des parents de la génération précédente. Bien sûr, plusieurs parmi ces derniers se montraient très stricts et sévères mais, à mon avis, leur apparence de froideur et de rigidité se rattachait parfois autant à leur manque de communication affective avec leurs enfants qu'à une abusive fermeté. Encore faut-il, avant d'accuser ce manque d'emphase de certains parents d'hier sur l'échange affectif avec leurs enfants, ne pas oublier que leur famille était beaucoup plus nombreuse que celles d'aujourd'hui. Le temps disponible pour les contacts affectifs ne pouvait qu'apparaître restreint dans une famille constituée de cinq enfants ou plus. À cette époque, les pères et mères ne comptaient eux aussi que sur vingt-quatre heures dans chaque journée et ils devaient assumer les contraintes reliées au temps quotidiennement disponible avec les enfants. Vos attitudes de discipline et celles de communication affective avec vos enfants sont deux choses différentes, bien que complémentaires. Il s'avère important de les discerner. Une discipline appliquée positivement n'empêche aucunement la communication, bien au contraire elle la facilite.

Deuxièmement, n'oublions pas que les parents d'aujourd'hui ont en moyenne un ou deux enfants. Ainsi, comparativement à la génération précédente, ils peuvent se permettre de laisser aller davantage les enfants, selon leurs désirs du moment, du moins pendant quelques années, avant que des problèmes sérieux ne les alarment et ne leur imposent une remise en question. Un tel relâchement au sein des familles de cinq ou huit enfants aurait probablement entraîné un fonctionnement familial chaotique et invivable en quelques semaines.

Un troisième facteur pouvant expliquer un relâchement des normes de discipline naît d'un autre mythe, ou croyance de masse, véhiculé par des suppositions de spécialistes du comportement ou de l'éducation et soutenu par les médias. Ce mythe a fortement suggéré que des limites fermes et consistantes appliquées à un enfant nuisaient nécessairement à son développement affectif et pouvaient même, à la limite, le rendre névrotique ou renfermé sur lui-même. Il fut même affirmé que la discipline appauvrissait potentiellement la créativité de l'enfant et son pouvoir imaginatif. Il n'existe, à ma connaissance, aucune étude méthodique confirmant ces effets néfastes d'une discipline ferme et consistante sur l'enfant. Par ailleurs, l'expérience clinique ne suggère en rien une telle résultante si les limites et les exigences sont mises en pratique de façon positive, claires et adaptées à l'âge chronologique et mental de l'enfant.

Il s'agit donc là de fausses croyances entretenues par l'opinion personnelle d'une lignée d'experts. Bien au contraire, les quelques études ayant touché aux normes de discipline suggèrent plutôt que des règles fermes concourent à un meilleur développement intellectuel [6] et qu'un manque dans la discipline semble davantage associé à la délinquance ou aux problèmes de comportement agressif grave chez l'enfant [4,7]. De plus, une récente étude à Québec auprès d'enfants au tempérament extrêmement difficile suggère que des qualités supérieures de discipline parentale, en l'occurence basée sur le facteur CONCORDE, diminuent le risque de troubles psychiatriques ou de comportement à la pré-adolescence [3]. Il appert maintenant que le mythe de «la discipline nuit à l'enfant» s'est construit sur la base d'émotions du moment et d'un courant social prédominant plutôt que sur des résultats de recherches méthodiques.

Un quatrième facteur, susceptible de faire reculer les parents face à des attitudes de discipline envers les enfants, nous renvoie de nouveau au sentiment de culpabilité, si fréquent chez les parents dans le contexte social actuel. Comment ne pas hésiter à être ferme avec son enfant lorsque l'on est sous la pression de prédicateurs de la «liberté» ou sous celle de la «nécessité d'aller au rythme de l'enfant», si souvent prônée mais mal comprise par les éducateurs. Le doute et le sentiment de culpabilité parentale, générés par ces pressions sociales indues, ne doivent pas être confondus avec l'impression bien naturelle, et fréquemment exprimée par les parents de «pincement au cœur», lorsqu'ils doivent appliquer une conséquence à un geste répréhensible de l'enfant. Mais encore là, la tendance naturelle à s'auto-accuser et à se culpabiliser remuera et fera vaciller plus d'un père ou d'une mère dans sa position d'autorité. Vous laisserez en effet passer une fois sur deux ou sur trois, le comportement inacceptable de votre enfant. Ce dernier comprend alors vite l'hésitation qui transparaît dans votre ton et dans votre attitude. N'oubliez pas que votre enfant vous connaît très bien et que cela lui donne un certain avantage sur vous. Si vous n'avez pas confiance en vous-mêmes, en votre position d'autorité, plusieurs de vos enfants seront tentés de vous manipuler ou même, tactique suprême, de jouer ouvertement sur votre sentiment de culpabilité en vous comparant, par exemple, aux parents des voisins ou des amis. Nous avons déjà discuté des enfants qui, par leur tempérament ou pour d'autres raisons intrinsèques encore inconnues, sont plus portés à vous mettre en échec; tous cependant, à un degré plus ou moins important, ont cette propension naturelle à vouloir faire ce qui est plaisant au moment présent, avec peu de soucis des suites à moyen ou long terme.

Vous pouvez enfin faire partie de ces parents, encore fortement inspirés par certains experts ou courants sociaux, qui croient préférable d'attendre à plus tard pour discipliner l'enfant: reporter par exemple l'établissement de règles de conduite à l'âge de sept ou dix ans, lorsque «l'enfant entendra raison», diront certains. Des parents se sont laissés convaincre qu'il est mieux d'attendre «que l'enfant s'aperçoive par lui-même du fait qu'il est tenu de fournir un meilleur effort à l'école, de mieux respecter ses parents et les autres ou encore, de suivre les règles majeures ou mineures de la famille et de la société. Le préjugé attentiste est probablement encore plus dangereux pour certains enfants plus intrinsèquement difficiles et portés à être opposants; il vous sera souvent beaucoup plus difficile et pénible de reprendre un contrôle sur ce type d'enfants et de leur apprendre certains principes de conduite à un âge plus avancé.

L'attentisme fait partie des mythes de même nature que les précédents. Sa pertinence n'est aucunement démontrée par des recherches empiriques. Si vous avez été influencés par les attentistes, rappelez-vous qu'en général il est plus ardu, quoique jamais trop tard, de reprendre le contrôle sur les comportements de votre enfant vers cinq ou six ans ou plus âgé encore. Il est probablement mieux de ne pas attendre que s'aggrave la conduite de votre enfant pour commencer à y réfléchir et à en discuter entre parents.

Une hypothèse au sujet de la discipline et du dépassement de soi

Une discipline positive, claire et consistante et des exigences équilibrées ont-elles un lien avec l'acquisition progressive, chez l'enfant, du désir de se développer davantage et de se dépasser? Cette question ne peut encore qu'alimenter nos spéculations car peu de données empiriques ne nous éclairent sur la réponse. Mais ne serait-ce que pour contrecarrer l'influence négative des hypothèses courantes prônant le caractère nuisible de la discipline, élaborons pour un instant des hypothèses soutenant les possibles avantages d'une discipline appliquée à l'enfant.

Vous avez certes remarqué comme moi que nos enfants se distinguent les uns des autres selon leur désir d'apprendre de nouvelles tâches lors des années préscolaires. Certains enfants recherchent d'emblée à accomplir une activité pourtant difficile alors que d'autres, de la même famille, tentent par tous les moyens d'éviter l'effort. Certains de nos jeunes enfants se montrent très tôt désireux de bien accomplir leurs tâches quotidiennes, ils manifestent leur impatience d'aller à l'école pour apprendre. Spontanément, ils essaient de donner le meilleur d'eux-mêmes sans que leurs parents n'aient vraiment besoin de stimuler leurs efforts. Un autre enfant, de la même famille, présentera dès le départ des traits totalement opposés. C'est possiblement celui-là qui nécessitera davantage de règles ou d'exigences formulées clairement par les parents, et un encadrement pendant un certain nombre d'années avant qu'il n'acquière un degré d'aspiration personnelle ou un désir de se dépasser. J'utilise cette dernière expression pour exprimer le désir personnel de toujours faire mieux que la fois précédente. Le seul plaisir escompté de réussir mieux que notre performance précédente peut en lui-même devenir une grande force de motivation pour corriger un défaut ou améliorer une qualité, en vue d'atteindre un but que l'on croyait impossible auparavant. Vous voyez que ce désir de dépassement ne fait aucunement référence au dépassement des autres. Le dépassement de soi se rattache plutôt à la confiance en soi. Exiger peu de soi, ou éviter l'effort, risque davantage de conduire à l'échec et en conséquence, à une piètre image de soi. Exiger d'une façon saine et positive d'un enfant, s'il n'est pas porté lui-même à donner l'effort, nous permet possiblement de toucher à sa confiance personnelle et de lui fournir de meilleurs outils vers des réalisations tangibles, aptes à bâtir sa propre image. En d'autres termes, aider un enfant à contrecarrer sa tendance personnelle à éviter l'effort pourrait l'aider à développer des qualités personnelles et à obtenir des réalisations qu'il n'aurait connues que beaucoup plus tard.

Ces hypothèses impliquent bien sûr que le développement de l'enfant, tout comme le développement humain en général, réside en un continuel désir de perfectionnement. Le dépassement de soi peut avoir un lien direct avec ce que l'on pourrait appeler le contentement de soi ou de sa vie. Observez comment le nourrisson s'efforce spontanément, essai après essai, de passer du dos au ventre. Considérez ses efforts inouïs pour arriver à se tenir debout et faire ses premiers pas. Réfléchissez aussi à la manière avec laquelle il utilise, sans attendre, à l'instant même où la maturation de son système nerveux le permet, toutes les situations pour développer ses talents d'apprentissage, son intelligence et son langage. Il capitalise sur toutes les possibilités que lui offre le développement de ses neurones. Si le nourrisson et le très jeune enfant profitent de toutes les opportunités pour se développer, dans un effort incessant et laborieux durant leurs premières années de vie, pourquoi devrait-il en être autrement dans les années subséquentes? Ce constat rend difficilement acceptable l'idée de certains éducateurs qui adhèrent exagérément et sans discernement au principe «d'aller au rythme de l'enfant». Cette dernière ligne de conduite, généralisée à outrance, ne mérite pas d'être appliquée à l'enfant plus âgé qui, naturellement ou par tempérament, se donne un rythme nettement en-deça de ses potentialités.

Le cynisme social actuel, bien présent aussi chez plusieurs «experts» du comportement de toutes professions, porte certaines personnes à mettre en dérision et à considérer comme pathologique ou névrotique, un désir constant de travailler sur soi ou de se perfectionner. Bien entendu, pour penser inculquer à ses enfants le désir de se dépasser, faut-il que l'éducateur ou le parent lui-même croit sincèrement qu'il s'agit là d'une valeur humaine fondamentale. Il s'avère en effet souvent difficile de donner à un enfant ce que l'on n'a pas acquis soi-même.

Être un parent en cause sans vous sentir la cause

Ne vous jugez jamais trop vite au comportement de votre enfant. Et en sous-entendu bien sûr, ne jugez pas prématurément les autres parents selon les agissements de leurs rejetons. Les enfants sont différents les uns des autres et il s'en trouve qui, dès leur jeune âge, nécessiteront par leur style intrinsèque des attitudes spécialement fermes de la part de leurs parents. Ceux-ci devront alors, par la force des choses, la situation devenant déjà explosive dès les premières années, réagir à la situation lorsque l'enfant est très jeune. D'autres enfants, sans avoir démontré d'opposition particulière dans les années préscolaires, développeront d'intenses attitudes de résistance lorsqu'ils seront confrontés aux tâches difficiles d'adaptation des premières années scolaires. En vous jugeant trop vite et négativement, en vous donnant toute la faute, vous risquez d'engendrer un doute morbide au sujet de vous-même et pire encore, de nourrir ce sentiment envahissant de culpabilité parentale.

Votre enfant, au départ, était peut-être un des plus difficiles intrinsèquement. Peut-être aurait-il

«CEUX QUI VIVENT»

CE SONT CEUX QUI LUTTENT.

CE SONT CEUX DONT UN DESSEIN FERME

EMPLIT L'ÂME ET LE FRONT.

CEUX QUI D'UN HAUT DESTIN

GRAVISSENT L'ÂPRE CIME.

CEUX QUI MARCHENT PENSIFS,

ÉPRIS D'UN GOÛT SUBLIME.

AYANT DEVANT LES YEUX,

SANS CESSE, NUIT ET JOUR,

OU QUELQUE LABEUR, OU

QUELQUE GRAND AMOUR.

C'EST LE TRAVAILLEUR, PATRE, OUVRIER.

CEUX DONT LE CŒUR EST BON.

CEUX DONT LES JOURS SONT PLEINS.

CEUX-LÀ VIVENT,

LES AUTRES JE LES PLAINS.

Victor Hugo

poussé à bout les meilleurs parents? Ceci n'exclut pas bien sûr la possibilité que vous soyez de la fraction de parents influencés par le préjugé «attentiste» ou par l'idée préconçue de la «discipline nuisible» et que conséquemment, n'importe quel enfant facile ou difficile soit venu à bout de vous. Mais même en tournant la question de tous les côtés, même en cherchant si la cause est à la poule ou à l'œuf, vous n'aboutiriez nulle part. Nous avons là un bel exemple où la rumination sur «la» cause et le «pourquoi» ainsi que la persévérance dans la recherche du coupable ne conduisent nulle part. L'important consiste à construire une hypothèse sous le mode du «comment cela se passe maintenant» et à agir immédiatement sur le «comment s'en sortir». Nous reviendrons sur le «comment» dans un chapitre ultérieur.

Souvenez-vous qu'il n'existe pas «d'âge étalon» où un parent doive commencer à enseigner à l'enfant le respect de règles familiales raisonnables. Vous devez donc vous fier ici à votre jugement intérieur et ajuster vos attitudes au niveau d'âge et de compréhension de l'enfant. Des données empiriques suggèrent que déjà à l'âge de deux et trois ans [8] l'enfant possède, jusqu'à un certain point, une notion de ce qu'il est bon ou mauvais de faire dans son cercle familial. La qualité et la quantité des conséquences ainsi que l'ajustement des règles se font en regard du niveau de compréhension de l'enfant, même en son tout jeune âge.

Ne croyez pas au facteur CONCORDE, faites juste l'essayer

Peut-être penserez-vous que la méthode CONCORDE manque d'humanisme, qu'elle porte à la coercition. Vous craindrez peut-être qu'une telle méthode ne déclenche chez vos enfants des réactions névrotiques, de l'agressivité ou un désir de vengeance. Durant mes années de pratique, il m'a toujours été facile de contre-argumenter logiquement avec les parents qui m'amenaient honnêtement ce genre de raisons. Ma position face à ces objections consiste d'abord à émettre l'hypothèse que le facteur CONCORDE peut améliorer la situation sans créer l'effet néfaste tant craint. Je suggère alors d'introduire le facteur CONCORDE pendant quatre à cinq semaines dans la famille et de considérer l'effet sur les enfants pour évaluer ensuite si les craintes étaient fondées. En somme, remplacer le dogme par un essai contrôlé.

On constate d'abord que ces attitudes s'exercent dans un contexte d'honnêteté. Vous avez en effet expliqué les règles clairement et elles sont appliquées de façon équitable à tous les enfants de la famille. L'enfant comprend bien que dorénavant, en regard des règles à suivre, il aura encore un choix mais que celui-ci est circonscrit à quelques alternatives. Sa liberté ne peut plus se disperser de façon chaotique, sans contrôle ni limite.

Si vous persistez à croire que la méthode CONCORDE est trop rigoureuse, il ne vous reste à mon avis que quatre autres directions possibles lorsque vos enfants sont portés à s'opposer et à vous mettre en échec. Si vous y réfléchissez bien, ces quatre autres avenues n'offrent rien de bien positif ou réjouissant:

1. Continuer la même stragégie, c'est-à-dire laisser faire les enfants. Les parents savent par instinct que cette attitude ne mène nulle part. Ils s'inquiéteront malgré tout de la situation et continueront à se sentir fourbus à la fin de la journée, souhaitant l'heure du coucher des enfants pour prendre un peu de repos.

NE VOUS JUGEZ JAMAIS
TROP VITE
AUX COMPORTEMENTS
DE VOTRE ENFANT.
VOUS ÊTES PEUT-ÊTRE
EN CAUSE,
VOUS ÊTES RAREMENT
«LA» CAUSE.

2. Continuer à répéter sans cesse pour tenter de modifier le comportement indésirable de votre enfant et cela, six, dix ou quinze fois à tout moment durant la journée. Cette attitude de continuelle répétition se fait dans un climat négatif. Elle ternit l'atmosphère familiale puisqu'elle se déroule la plupart du temps sur un ton de frustration en plus de n'offrir aucun espoir de régler la situation définitivement. Ces redites perpétuelles sur le dos de l'enfant risquent de lui suggérer négativement, à la longue, qu'il se situe constamment en dehors du désir du parent.

3. Si vous n'êtes pas inconditionnellement de type démocratique, l'attitude de perpétuelle répétition vous amènera normalement et humainement à vous fâcher sporadiquement, à exploser en colères épuisantes, à échapper, par moments bien sûr, des mots ou des expressions dures envers votre enfant pour ensuite vous sentir coupable.

4. Invectiver votre enfant ou le taper sporadiquement dans le but de contrôler ses comportements excessifs, opposants ou agités, ne mérite sûrement pas une longue analyse pour vous convaincre de leur aspect inadéquat. Lorsque vous devenez épuisé ou exaspéré, frustré de votre inefficacité à contrôler vos enfants, il est fréquent d'en venir à la fessée sans trop consciemment le vouloir.

Ces quatre avenues n'évoquent donc pas la belle méthode démocratique, positive, éthérée ou vaporeuse suggérée par plusieurs experts en éducation de notre temps. La méthode CONCORDE demeure à mon avis plus humaine, plus honnête et positive que les quatre précédentes. Les rôles sont établis dès le jeune âge de l'enfant. Les règles, même mineures, sont claires et bien stipulées. L'enfant sait d'avance, de façon manifeste et prévisible, ce qu'il adviendra certainement s'il outrepasse une règle de la famille. Au moment de la violation des limites familiales, la conséquence s'applique dans le calme, le respect et la dignité. Lorsque le temps de la conséquence est terminé, la vie reprend son cours sans remontrance et sans retour en arrière. L'enfant a déjà en tête une image de la stabilité et de la consistance de son père et de sa mère car il a bien à l'esprit que chaque fois qu'il dépassera la limite, la conséquence appropriée viendra automatiquement.

*   *   *

EN POSITION D'AUTORITÉ,
PARLEZ PEU,
AGISSEZ POSITIVEMENT.

Chapitre 3

IL Y A RAREMENT UNE SEULE CAUSE À UN PROBLÈME

<table>
<tr>
<td>... quand un nouvel ensemble est créé, les nouvelles propriétés de l'ensemble, ou du système en entier, dominent par la suite les forces causales des entités qui le composent...</td>
<td>... when a new entity is created, the new properties of the entity, or system as a whole, thereafter overpower the causal forces of the component entities...</td>
</tr>
</table>

— Roger Sperry —

La dernière goutte n'est pas la cause du débordement

Il est exceptionnel qu'un seul facteur soit à la source de vos problèmes personnels ou de ceux que vous vivez dans votre famille ou avec votre enfant. Malheureusement, nous sommes tous enclins à attribuer le problème à la seule et dernière goutte qui vient de faire déborder le vase. Mais dans la plupart des cas, il existe bien d'autres causes sous-jacentes, antérieures ou simultanément présentes dans votre vie, avant qu'un dernier événement ne rende insoutenable votre problème.

Nous connaissons depuis plusieurs années la «théorie générale des systèmes» qui suggère une approche des comportements à partir d'une origine multi-causale, c'est-à-dire où plusieurs causes ou forces agissent simultanément et en complémentarité pour créer une difficulté émotive ou un problème. Cette conception est largement reconnue et utilisée en administration, en gestion des ressources humaines, en écologie, en biologie et en bien d'autres disciplines. Bien que la plupart des chercheurs sur le développement humain l'acceptent maintenant [1,9,10], cette conception multifactorielle des causes rencontre encore des réticences, dans son application pratique, de la part de plusieurs consultants, face aux problèmes familiaux et aux troubles du comportement de l'enfant et ce, pour des raisons difficiles à expliquer. On imagine pourtant aisément que dans le processus complexe du développement de l'enfant et pour les comportements de l'adulte, d'innombrables influences interagissent en même temps. Conséquemment, nous ne faisons que bien rarement face à une seule et unique raison pour expliquer un trouble émotif infantile ou adulte. L'influence toujours prédominante de la psychanalyse Freudienne incite probablement encore plusieurs à croire que LA cause la plus influente, la plus puissante, est essentiellement celle qui vient de loin, profondément ancrée en soi, bref, celle qu'il faut déterrer de notre lointaine enfance. On se convainc alors que l'identification de ce profond souvenir réglera le problème émotif ou améliorera le comportement actuel. Cette dernière croyance, pourtant très répandue, ne relève que d'une **opinion**. Vous vous étonnerez sans doute de savoir qu'elle s'appuie sur excessivement peu de données expérimentales contrôlées et presque uniquement sur l'opinion individuelle d'un éventail d'experts.

Votre famille est beaucoup plus que la somme de ses membres

La théorie générale des systèmes, énoncée vers le début du siècle par un scientifique nommé Von Bertalanffy [11], a amené une approche tout à fait nouvelle des problèmes émotionnels. Plusieurs la qualifient de vision «systémique» des phénomènes comportementaux humains. L'adulte ou l'enfant devient un organisme, un système ouvert à de multiples influences extérieures ou intérieures à lui-même. Comme on le voit à la Figure 1, il existe des super-systèmes extérieurs à l'enfant et des sous-systèmes qui lui sont internes. Toutes ces entités vivent en interaction et en étroite communication. D'une part, les super-systèmes réfèrent aux forces sociales générées par l'école, la société, l'économie, la famille et bien d'autres; d'autre part, les sous-systèmes internes à l'enfant couvrent entre autres son niveau d'intelligence, son tempérament, sa santé biologique et physiologique, son hérédité, sa mémoire du passé, etc.

La conception de systèmes implique que la modification d'un seul des super ou sous-systèmes créera inévitablement un changement ou une réaction dans **tous** les autres systèmes ou entités, puisque ces derniers devront s'adapter pour rétablir l'équilibre. Pour imager ce mécanisme, nous pourrions comparer les sous-systèmes à des boules de billard rattachées ensemble par de multiples bandes élastiques; un des super-systèmes pourrait être le cadre de la table de billard auquel se rattache l'ensemble des boules. Ainsi, si vous bougez une seule boule, les autres devront se réajuster nécessairement, car les bandes élastiques voudront refaire l'équilibre des forces. De la même façon, si vous déformez le cadre de la table, les différentes forces dans les bandes élastiques influenceront réciproquement la position de toutes les boules.

Figure 1: Schéma du jeu des multiples causes parti-
cipant à créer un problème chez un enfant
ou une famille.

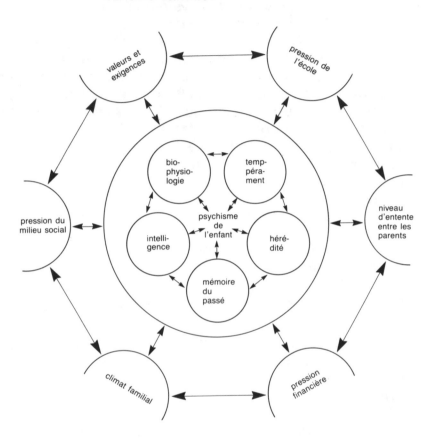

De la théorie générale des systèmes découle
donc un important théorème: tous les systèmes cherchent à conserver leur équilibre et celui-ci se maintient
grâce aux types d'interactions ou de relations entre
chacun des systèmes (soit l'ensemble des tensions,
des longueurs et des entrecroisements des élastiques
rattachant les boules de billard, ou soit l'ensemble
des flèches de la Figure 1). Un système est donc
beaucoup plus que l'addition de chacune de ses
parties (ou sous-systèmes) puisque chaque système
se caractérise par un type de relations et d'interac-

tions qui lui est bien particulier. Cela signifie donc que votre famille ne se définit pas uniquement par les qualités de chacun des parents et de chacun des enfants. Elle se caractérise tout autant, et parfois plus, par le type de relations entre vous, parents, et entre vous et vos enfants. De plus, le caractère des relations établies entre les membres d'une famille et entre la famille et les systèmes qui lui sont extérieurs commande l'équilibre, agit sur chacun des membres et fait ainsi d'une famille ce qu'elle est [12]. Maintes conclusions découlent de cette vision systémique, dont plusieurs vous viennent sans doute déjà à l'esprit. Plusieurs types de problèmes affectifs qui vous semblent présents chez un membre de la famille, un parent ou un enfant, peuvent provenir en partie du jeu des forces se trouvant entre tous les membres de cette famille, et vice-versa. Nous reviendrons à ceci plus loin, dans un exemple de problème.

Vous êtes rarement la cause du problème

Un **premier corollaire** découlant de la vision systémique du comportement suppose ceci: votre enfant est influent sur vous et sur votre famille. Chacun de vos enfants a une part active dans l'établissement de l'équilibre familial. Naturellement, les parents de jeunes enfants possèdent plus d'influence en raison de leur rôle et pouvoir. Mais au fil de sa croissance, votre enfant influence votre comportement et interagit fortement dans son milieu familial selon son tempérament, ses caractéristiques intrinsèques et les influences qu'il subit de systèmes extérieurs tels l'école ou l'entourage. Vous, les parents, êtes assurément les principaux maîtres d'œuvre de l'équilibre familial mais, faut-il le rappeler, vous n'êtes pas les seuls en cause. Avec les années, lorsque vos enfants grandissent et deviennent adolescents, leur influence s'amplifie progressivement.

Deuxième corollaire: la théorie des systèmes interdit de penser que votre enfant est le produit de votre seule influence. Votre enfant a vécu et vit encore sous l'empreinte de ses caractéristiques internes, neurologiques, biologiques, physiologiques tout autant que sous l'empreinte de votre éducation. Assez tôt dans la vie, il connaîtra aussi l'influence des amis, des groupes et il subira l'effet bien démontré de l'école sur son comportement et son rendement académique [13,14].

Il me faudra probablement argumenter solidement pour vous convaincre du corollaire précédent. Faisons donc une courte digression pour soulever une simple question: avez-vous, par exemple, déjà songé que le niveau d'intelligence de votre enfant peut en lui-même influencer son développement, son comportement et possiblement le cours de sa vie? Pourtant des recherches pertinentes le suggèrent fortement. En effet, des études montrent qu'un plus faible niveau intellectuel chez l'enfant est associé à un plus grand risque de développement de troubles émotifs ou de troubles psychiatriques, alors qu'un QI plus élevé que la moyenne le protégerait en partie contre l'adversité ou l'apparition de ces problèmes [15]. Vous vous questionnerez alors: «le niveau d'intelligence d'un enfant ne se fonde-t-il pas en majeure partie sur l'éducation et sur l'attitude des parents?» Eh bien, dans l'état actuel des connaissances, la réponse est négative. Aucune donnée scientifique ne soutient définitivement l'hypothèse voulant que les parents soient les principaux ou les seuls responsables du développement intellectuel de leur enfant. D'une part, il est démontré par la plupart des études que les habilités intellectuelles ont une base en partie génétique. L'enfant naît ainsi avec un potentiel. D'autre part, les recherches indiquent que l'environnement et les parents favorisent, jusqu'à un certain point, le développement des facultés intellectuelles pendant l'enfance. Il ressort notamment de ces

SI VOUS PENSEZ AVOIR TROUVÉ **LA** CAUSE DE VOTRE PROBLÈME, VOUS AVEZ CERTAINEMENT TORT. IL Y EN A PLUSIEURS.

études, qu'en parlant davantage à un enfant et en lui fournissant davantage de jeux stimulants, on développera légèrement plus son potentiel à court terme. Cependant il n'est pas encore démontré que cette seule influence importe à long terme sur son évolution, sur le choix de sa carrière ou sur d'autres aspects importants de sa vie adulte. Par ailleurs, nos études à Québec suggèrent même que d'autres qualités intrinsèques à l'enfant, son tempérament, jouent sur le développement de l'intelligence dans les premières années de vie [16]. Il appert enfin, selon les récentes recherches, que tous les facteurs déjà étudiés soit l'hérédité, les différences individuelles de tempérament et l'influence des parents n'expliquent pas, dans leur totalité, les variations du niveau intellectuel entre les enfants. Aucun doute, bien d'autres éléments restent à découvrir.

En somme, bien que l'éducation intervienne sur le développement de l'intelligence des enfants, les parents ne sont pas, encore là, les seuls concernés. Il n'est pas impossible que les recherches des vingt prochaines années en arrivent à conclure qu'au-delà de l'importante influence des parents sur le développement intellectuel de l'enfant, les autres facteurs hors du contrôle des parents expliquent davantage l'évolution de l'intelligence de l'enfant. Sauf pour de très rares cas d'extrême déviance parentale, d'abus ou de misère socio-économique causant un retard mental chez l'enfant, rappelons qu'une grande proportion des 3% d'enfants souffrant de retards intellectuels dans notre société est reliée à des causes biologiques tout à fait détachées du rôle des parents.

Ces précédents aspects soutiennent, en partie du moins, mon affirmation à l'effet que bien peu d'individus dans notre société assument autant de risques personnels que les parents lors de leur décision de procréer, et que la grande majorité de ces derniers assument courageusement leurs responsabilités lorsque la malchance les frappe sous l'aspect

L'ENFANT N'EST PAS
TOUJOURS LA VICTIME.
VOUS POUVEZ ÊTRE AUSSI
VICTIME DE VOTRE ENFANT.

d'un handicap physique, biologique ou cérébral chez leur enfant. Ceci rend à mes yeux difficilement admissible cette tendance des parents à se culpabiliser exagérément et à s'accuser de la totalité des troubles de développement et de comportement de leurs enfants alors que ces troubles, de toute évidence, ne dépendent souvent que partiellement de leur influence. Cette propension naturelle des parents à s'auto-accuser se voit renforcée trop facilement et avec peu de discernement par l'opinion personnelle d'éducateurs et de spécialistes du comportement.

Pas plus que vous, votre enfant ne se trouve la cause du problème

Revenons à la théorie des systèmes et à son **troisième corollaire**. Celui-ci représente en fait la contrepartie du précédent et implique que votre enfant, sauf en de rares cas, ne peut constituer l'**unique** cause d'un problème affectif. Le style propre et le comportement des enfants agissent sur le climat et le fonctionnement de la famille et vice-versa, l'atmosphère familiale influe sur le comportement des enfants. Encore une fois, en excluant les rares cas où un enfant souffre d'un dommage important au cerveau, d'une maladie physique grave, d'un retard mental ou d'une maladie psychiatrique sérieuse, il est rare que l'on ne découvre plusieurs facteurs, reliés à l'enfant et à son environnement familial et social, qui causent le problème de comportement. Fait intéressant, les recherches épidémiologiques sur le développement de l'enfant soutiennent ceci: une seule cause ou un seul des facteurs d'adversité déjà bien étudiés (comme la pauvreté, la discorde parentale grave, la criminalité paternelle, la dépression chez la mère, la maladie mentale grave chez un parent, etc...) n'augmenterait pas ou peu le risque de troubles chez les enfants, alors que l'addition de deux ou plusieurs

VOTRE ENFANT N'EST PAS
LE PRODUIT DE VOTRE
SEULE INFLUENCE.

PRENEZ TOUTE LA
RESPONSABILITÉ QUI
VOUS REVIENT, MAIS
SEULEMENT CELLE-LÀ

facteurs néfastes accroît le risque de troubles émotifs ou de développement [2].

Prenons par exemple la situation problématique de plusieurs parents se trouvant, depuis de nombreuses années, en présence d'un de leurs enfants qui s'oppose fréquemment aux règles et aux exigences de la maison et qui évite l'effort, même à l'école. Ce type de difficulté harassante fait d'ailleurs l'objet de maints recours dans les cliniques de consultation parentale et infantile de nos sociétés occidentales. Si une telle situation vous amenait à croire que votre enfant fait tout pour se rendre exécrable, qu'il est de mauvaise foi, qu'il s'applique à vous mettre systématiquement en échec dans toutes vos tentatives de contact avec lui, et qu'en cela, son entêtement est **la** seule cause des déboires relationnels entre vous et lui, le début de la solution à votre problème s'amorce peut être dans la réflexion qui suit:

— Prenez d'abord quelques jours pour vous imprégner de l'idée possible que votre enfant ne soit pas le seul en cause.

— Deuxièmement, émettez la possibilité qu'il puisse être, par exemple, en partie victime de son tempérament.

— Troisièmement, évaluez la possibilité que le climat familial actuel n'aide pas et même accentue éventuellement la difficulté.

— Essayez enfin de discuter de ces trois hypothèses avec l'autre parent.

Vous constaterez que cette réflexion critique comporte plusieurs avantages. Elle favorise d'abord un recul momentanément salutaire des parents et permet souvent de contrôler ou de diminuer l'agressivité et la frustration parentales, la plupart du temps bien naturelles et compréhensibles, devant un tel enfant. Et surtout, elle ne désengage ni les parents ni l'enfant de leurs responsabilités respectives.

En somme, il vous sera avantageux de réfléchir à deux types de cheminement du problème qui peuvent vous donner faussement l'impression, après quelques années, qu'il s'agit d'un problème uniquement dans l'enfant:

(1) Il se peut qu'à la base, votre enfant s'avère intrinsèquement difficile d'approche. Par la suite, année après année, et pour de multiples raisons, vos réactions secondaires ont peut-être nui ou même envenimé le problème et cela, le plus souvent à votre insu.

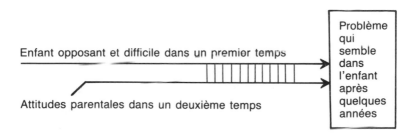

Enfant opposant et difficile dans un premier temps

Attitudes parentales dans un deuxième temps

Problème qui semble dans l'enfant après quelques années

(2) Il se peut qu'au départ, une difficulté dans votre couple ou dans votre famille soit à l'origine d'un problème auquel votre enfant, par la suite au cours des ans, est venu participer.

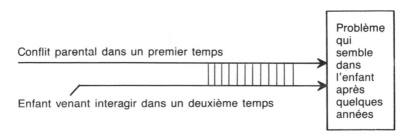

Conflit parental dans un premier temps

Enfant venant interagir dans un deuxième temps

Problème qui semble dans l'enfant après quelques années

Dans ce dernier cas par exemple, on verra certains enfants qui prendront l'habitude, lors de querelles fréquentes entre parents, de dévier l'attention sur eux-mêmes en s'agitant ou en se comportant mal. Cette tentative de l'enfant pour rétablir l'équilibre familial amènerait les parents à se concentrer sur l'enfant plutôt que sur le problème de base, soit leurs propres désaccords et leurs conflits. Cependant, prenez garde aux consultants qui sautent trop vite sur cette dernière hypothèse car contrairement à ce que véhiculent plusieurs consultants et thérapeutes, rien ne démontre que cette hypothèse est nécessairement la plus fréquente dans les familles. En effet, dès que les parents vivent des désaccords, ce qui risque de se produire relativement souvent entre compagnons de vie ayant chacun leurs goûts et leur personnalité, plusieurs consultants vont automatiquement les accuser d'être **la** cause du problème d'agitation d'un de leurs enfants. Aucune recherche méthodique ne soutient encore la pertinence d'une association automatique entre ces deux phénomènes. Dans l'état actuel des connaissances, il serait certainement plus adéquat de suggérer aux parents: (1) de réfléchir à la possibilité qu'un enfant s'immisce dans un conflit parental en vue de dévier l'attention et le stress sur lui-même; (2) de préciser que lorsque des parents s'entendent mal, il est plus compliqué d'appliquer une discipline consistante envers un enfant intrinsèquement plus difficile et porté à l'opposition; (3) d'ajouter qu'il existe probablement des familles où les parents vivent des désaccords sans que cela n'ait de lien, ou bien peu, avec le problème de l'enfant. Plusieurs recherches empiriques restent encore à être menées pour acquérir une compréhension claire des facteurs, en interaction entre l'enfant et sa famille, qui différencient ces trois situations.

Vos conflits graves et persistants mettent vos enfants à risque

Le **quatrième corollaire** découlant de la théorie des systèmes est le suivant: le type de relation entre le père et la mère a une influence systémique directe et indirecte sur le développement de l'enfant. Bien que ceci puisse paraître évident, souvent on ne réalise pas toutes les implications de cette idée. D'une façon bien simple, lorsque vous travaillez à améliorer la relation avec votre compagnon ou compagne de vie, vous faites du bien à vos enfants en même temps qu'à vous-même puisque l'atmosphère familiale sera plus positive, et parce que les parents doivent se donner mutuellement du support pour avoir l'énergie nécessaire pour s'occuper des enfants. De plus, si vous entretenez une bonne relation de support avec votre partenaire, vous faciliterez votre démarche en vue d'établir ensemble des règles communes à la maison et des demandes claires et raisonnables aux enfants. Quelques études suggèrent aussi qu'un père impliqué dans la famille est un facteur associé à un développement plus avancé des enfants en bas âge [17]. Cependant nous ne savons pas clairement s'il s'agit surtout de l'influence directe du père ou plutôt de celle, indirecte, provenant d'une meilleure entente entre les parents lorsque le père s'implique personnellement dans l'éducation. En effet, il est possible que les pères plus engagés auprès des enfants soient associés d'emblée à une meilleure entente entre les parents et que l'influence apparemment reliée au premier facteur provienne plutôt du second.

Par contre, la discorde persistante et ouverte entre les parents constitue un facteur de risque pour l'enfant parmi les mieux étayés scientifiquement. Il ne fait plus de doute, suite à de multiples études menées dans différents pays [2], qu'un lien causatif existe entre les conflits sérieux entre parents et certains troubles émotifs ou psychiatriques chez l'enfant.

Cependant, on connaît peu la façon exacte par laquelle le conflit parental influence le psychisme de l'enfant. Même si plusieurs enfants en souffrent durant leur développement, une bonne proportion d'entre eux sortent indemnes d'une situation familiale conflictuelle. Plusieurs questions sont soulevées concernant les raisons de l'effet néfaste de ces conflits sur le développement de l'enfant. Est-ce davantage que la discorde entre le père et la mère oblige l'enfant à une prise de position qui lui est nuisible? Est-ce l'inconsistance de la méthode de discipline face aux enfants, découlant du conflit parental? Ou bien l'effet néfaste provient-il d'une combinaison de ces possibilités? Les études sont encore trop peu nombreuses pour nous préciser clairement les cas où il serait préférable, pour le bien des enfants ou (1) de travailler directement au niveau de l'entente des parents ou (2) de tenter de minimiser l'effet du conflit en trouvant des moyens d'empêcher les enfants de s'y impliquer, ou encore (3) de privilégier la séparation des parents.

Dix points de réflexion et d'action sur les mésententes parentales graves et vos enfants

Au-delà de toutes ces interrogations, en nous efforçant de discerner ce qui nous est connu de ce que nous ignorons encore, les données scientifiques et le sens commun nous permettent de dégager plusieurs grandes lignes permettant, sans risque, dans un contexte de discorde sérieuse entre parents, d'ajuster vos attitudes.

1. Si vous êtes en conflit fréquent et ouvert avec le père ou la mère de vos enfants, vous mettez certainement et inconsidérément à risque le développement de vos enfants, même s'il est impossible actuellement de prédire lequel de vos enfants en souffrira le plus dans le futur. Potentielle-

ment, le conflit marital est un facteur de risque des plus néfastes pour nos enfants: penser souvent et sans détour à cette réalité appuyée scientifiquement vous motivera à prendre tous les moyens pour faire cesser la guerre.

2. Vous ne contrôlez pas certains facteurs extérieurs auxquels sont exposés vos enfants tels les hasards de problème génétique, de maladie physique congénitale, de trouble psychiatrique d'origine cérébrale, d'accident. **Toutefois**, VOUS AVEZ PLEIN POUVOIR DÉCISIONNEL SUR PLUSIEURS ÉLÉMENTS DE VOTRE RELATION AVEC VOTRE COMPAGNON DE VIE. Savoir que vous nuisez à vos enfants peut créer une motivation commune ou un terrain d'entente, si minime soit-il, pour débuter le travail d'amélioration de votre relation.

3. Vous avez le sentiment que votre mésentente a déjà fait son travail néfaste sur vos enfants? Eh bien pardonnez-vous et servez-vous de votre culpabilité d'une façon positive pour générer une nouvelle énergie propre à faire cesser le conflit dans les plus brefs délais. Il n'est jamais trop tard. De plus en plus, on démontre que peu d'influences sont irréversibles pour l'enfant; le développement de ce dernier est d'une immense plasticité, nous reviendrons dans un autre chapitre sur ce point important.

4. Si vous pensez que le conflit avec votre compagnon de vie est insoluble, évitez à tout prix que votre enfant ne prenne position. Ne l'utilisez jamais comme confident pour vous réconforter, ce n'est pas son rôle.

5. Vous croyez le conflit inévitable? En attendant une solution, essayez de ne pas vous contredire

DE VOTRE PROBLÈME,
LES CAUSES ET LES SOLUTIONS
NE SONT PAS DANS LE PASSÉ.
C'EST DANS LE PRÉSENT
QUE VOUS LES TROUVEREZ.

comme parents dans vos exigences et vos demandes envers vos enfants.

6. Évaluez la possibilité de voir un consultant pour améliorer votre relation. Ne jugez jamais la tâche infaisable après un seul échec avec un thérapeute car il pourrait bien s'agir là de l'échec du thérapeute et non pas du vôtre. Essayez d'avoir l'opinion d'au moins deux ou trois consultants avant de juger qu'une amélioration est impossible. Nous reviendrons également sur ceci.

7. Considérer l'idée d'une séparation ou d'un divorce et la manifester clairement à votre compagnon ou compagne de vie peut générer une nouvelle force créatrice vers un changement. Le divorce cependant ne peut pas s'utiliser comme échappatoire. Auparavant, toutes les tentatives d'amélioration doivent être essayées afin que cette décision ultime, si vous l'adoptez, ne revienne vous hanter dans le futur sous forme de culpabilité. Le fait de tenter au préalable de multiples moyens augmentera vos chances de sentir sincèrement, le moment venu, que la séparation est la meilleure solution dans les circonstances. Il n'existe pas encore de données scientifiques aptes à éclairer les parents sur les facteurs pesant pour ou contre la décision d'une séparation. Vous êtes donc laissés à votre bon sens et à votre cheminement personnel pour prendre la meilleure décision. Souvent, envisager une séparation temporaire de huit ou douze mois aide à faire un choix judicieux et offre une solution réversible. Les études montrent sans équivoque que beaucoup d'enfants souffrent de la discorde des parents. D'autres recherches récentes impliquant les enfants d'après divorce, suggèrent que beaucoup d'entre eux souffrent également de la séparation de leurs parents. Ceci dit, cependant, les

données actuelles suggèrent plutôt que les enfants sont possiblement touchés davantage par les conflits entre leurs parents que par leur séparation. Bien entendu, les recherches des prochaines années nous éclaireront davantage sur ce point.

8. Qu'ils soient mariés ou séparés, la mésentente des parents au sujet des enfants nuit à ces derniers. Après la séparation, si votre discorde se perpétue aux dépens des enfants, comme cela arrive dans une partie des cas, le divorce en soi n'atténuera pas l'effet de risque de votre discorde. Au contraire, cela portera davantage atteinte à vos enfants que l'effet de votre seule séparation, puisque vous leur infligeriez votre rupture en plus de votre mésentente.

9. Après votre divorce, essayez au maximum de négocier avec votre ex-conjoint. Au besoin, voyez un thérapeute ou un intermédiaire pour vous aider à trouver un compromis sur les visites, les vacances ou tout autre point pratique essentiel à définir. Cela s'effectuera plus facilement si vous concevez cette négociation en fonction du bien de vos enfants et non pas en fonction de celui de votre ex-conjoint.

10. En tout temps, seulement pour le bien de vos enfants, ne parlez pas en mal de l'autre parent devant ceux-ci même s'il vous semble que vous ayez cent fois raison de le faire.

En cas de conflit et de séparation inévitable, vous ne contrôlez pas la réaction de l'autre parent de vos enfants mais vous avez le plein contrôle de vous-même et de vos propres réactions. Après la séparation, souvenez-vous que pour le mieux-être de vos enfants il vous faudra possiblement être magnanime, au sens propre du dictionnaire, et ne pas riposter, même si vous êtes en droit de penser que l'autre parent le mériterait. Ce qui suscitera en vous le plus de remords dans dix ou vingt ans, ce n'est pas tant le souvenir d'une relation maritale inachevée ou ratée, mais bien plus le doute intérieur que l'échec éventuel de votre enfant puisse être relié en partie à la querelle ouverte avec votre ex-conjoint.

En somme, n'assumez que vos responsabilités mais prenez-les en charge et prenez la commande des événements que vous pouvez, en partie du moins, contrôler. L'apport le plus utile de la pensée systémique se retrouve probablement dans le constat suivant: pour résoudre un problème avec les enfants et dans la famille, un «comment se sortir d'une difficulté» est sans conteste préférable à un «qui est coupable du problème». En d'autres termes, un «comment» vaut mille «pourquoi» et le prochain chapitre, je l'espère, vous en convaincra.

* * *

LE FUTUR DE
VOTRE ENFANT
EST DANS LE
PRÉSENT,
PAS DANS LE
PASSÉ.

Chapitre 4

UN COMMENT VAUT MILLE POURQUOI

**Il trouvera son souverain à
pratiquer journellement des con-
troverses sur la vertu...
à s'examiner soi-même ainsi que
les autres, car une vie qui ne
pratique aucune investigation
n'est pas digne d'un homme...**

— Apologie de Socrate —

Le pourquoi immobilise

La plupart des gens aux prises avec un problème
personnel ou familial ont la malheureuse habitude
de poser la question du **pourquoi**. «**Pourquoi** mon
enfant a-t-il de si mauvaises notes à l'école et évite-t-il
l'effort?» «**Pourquoi** mon mari ne m'aide-t-il pas davantage avec les enfants?» «**Pourquoi** ma fille met-
elle toujours en échec mon autorité?» La question
du **pourquoi** est statique. Elle donne peu d'énergie.
Elle porte à l'immobilisme devant un problème et ne
conduit pas facilement à une solution appropriée. De
plus le **pourquoi** s'applique mal à l'étude du comportement de l'enfant, et même de l'adulte, en raison
de l'extrême complexité des déterminants du développement humain.

La question du **pourquoi** (inspirée du principe de causalité linéaire tel que nous l'expliquons un peu plus loin) a été véhiculée par la mentalité scientifique occidentale et sous l'impulsion du courant psychanalytique. Jusqu'à récemment, la psychanalyse prédominait dans le cercle des «psy» composé des psychiatres, psychologues, psychothérapeutes et autres. Cette conception du **pourquoi** amène le consultant ou le parent à chercher l'événement dans les profondeurs de son passé ou de son subconscient, ou encore à chercher la grande et unique cause (traumatisme infantile ou souvenir fantasmatique négatif du passé) qui, en supposant qu'on puisse l'identifier de façon fiable, aiderait à comprendre le problème actuel. On cherche alors à identifier le grand A du passé, tel que dans la Figure 1, pour expliquer le problème actuel qui est E. Injustement, on croit que plus le souvenir ou le traumatisme est profond et précoce dans la vie, plus on a de chance de toucher enfin «la» cause qui amène «la» solution au problème. L'usage excessif de la question **pourquoi** contribue à entretenir le mythe que si l'être humain comprend, s'il obtient un «insight» pour employer un jargon «psy» coutumier, il réglera automatiquement son problème et changera. Comprendre notre passé peut s'avérer certes utile et même recommandable, mais la plupart du temps ceci est nettement insuffisant pour solutionner un problème infantile, familial et même personnel. Résoudre une difficulté équivaut à se changer soi-même. En d'autres termes, il faut accepter l'idée d'une transformation de nos pensées et de nos habitudes pour régler un problème. La compréhension des profondeurs du passé d'un adulte et à plus forte raison d'un enfant, ne conduit pas forcément, automatiquement, à un changement; elle peut seulement, en certaines circonstances, le précéder. Voilà probablement pourquoi la psychanalyse devient maintenant une approche de plus en plus délaissée dans le traitement des problèmes émotifs de l'enfant.

Figure 1: Causalité linéaire:

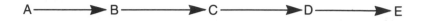

A━━━━►B━━━━━►C━━━━━━►D━━━━━►E

Le comment parle au présent un langage de changement

Régler un problème affectif implique la volonté de changer et le changement vise le présent. Hélas, on ne peut pas remplacer la réalité de notre passé, ses avatars, ses souvenirs pénibles et les carences aigües qu'ils font vivre parfois. En contrepartie, on peut changer son présent de deux façons: en renouvelant ses attitudes et ses actions et en modifiant ses pensées. Comme nous le verrons un peu plus loin, la question du **pourquoi** n'oriente pas directement vers le changement alors que le **comment** amène une toute autre vision des choses. Dans la perspective développée par le **comment**, la compréhension du passé ne compose qu'un élément du problème. Le passé constitue une seule force parmi toutes celles qui interagissent actuellement pour créer le problème. Le **comment** aide à poser des hypothèses sur les causes qui engendrent actuellement vos difficultés, de manière à ce que plusieurs solutions surgissent de cette formulation même. Ainsi, une formulation efficace de votre problème contiendra déjà ses solutions.

Revenons à l'exemple de Guillaume cité au premier chapitre. Par la question du «**comment** les forces interagissent-elles actuellement», il devient possible de dresser avec les parents un tableau pratique des différentes causes suscitant leurs difficultés au moment de la consultation. Toutes les possibilités inscrites à la Figure 3 contribuent en partie à la situation problématique de la famille et de l'enfant. Mais laquelle de ces forces s'avère-t-elle la plus importante pour expliquer le problème de Guillaume? Voilà une question à laquelle aucun expert ne peut répondre avec certitude dans l'état actuel des connaissances vérifiées. En effet, le manque de connaissances scientifiques sur le développement de l'enfant et de la famille nous empêche de discuter, honnêtement et avec précision, de l'importance relative de chacun des facteurs contribuant à la venue d'un problème humain. Le spécialiste qui s'y risquerait ne ferait que céder à la tentation de porter ses opinions personnelles, si expertes soient-elles, au flambeau de la «certitude». Contrairement à la pensée commune, la recherche de la cause «la plus importante» ne conduit souvent pas à la solution pratique d'un problème affectif dans une famille ou avec un enfant.

Causalité linéaire versus causalité circulaire

Puisque tous les facteurs de la Figure 3, en se renforçant les uns les autres interviennent dans le problème de Guillaume, sur lequel devrions-nous stratégiquement concentrer nos efforts? La question «quelle est la cause principale» perd sa raison d'être lorsqu'on utilise le **comment**. Vous ne devez pas viser nécessairement la cause qui vous paraît la plus puissante mais plutôt celle qui vous offre le plus d'emprise, celle que vous pouvez modifier. Nous visons un changement positif. Nous faisons l'hypothèse que l'effet systémique se produira de toute façon, par ricochet, sur toutes les causes ou sous-systèmes, comme cela se passait précédemment dans notre exemple de la table de billard. Le problème est alors considéré sous l'aspect d'une causalité circulaire, c'est-à-dire du «comment le cercle dysfonctionnel tourne-t-il pour entretenir le problème». Le problème provient du vice infiltré dans le cercle, tel qu'en Figures 2 et 3, et non pas de la cause la plus lointaine A de la Figure 1, comme plusieurs sont portés à penser.

Figure 2: Causalité circulaire:

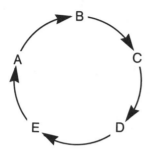

Figure 3: Schéma des causes possibles du problème de Guillaume

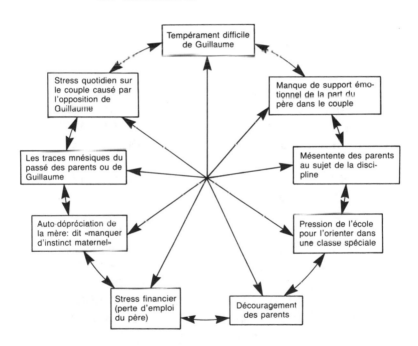

Notes: Les causes du problème de Guillaume se renforcent les unes les autres.

Si l'on réussit à changer un seul ou même deux des éléments en cause, on suppose que tout le jeu des forces se modifiera. Conséquemment, un changement positif se crée et celui-ci en attirera d'autres dans une réaction en chaîne. Le cercle de la Figure 2 tournera de façon plus fonctionnelle et le symptôme aura tendance conséquemment à disparaître. Ainsi, dans le cas de Guillaume, la pierre angulaire du processus de changement apparaissait d'abord dans la volonté et la décision de ses parents de s'efforcer à provoquer un changement rapide dans un des systèmes de la Figure 3, précisément celui ou ceux où ils pouvaient exercer un contrôle.

La cause principale n'est pas la plus importante

Une formulation du problème sous la forme du **comment** contient en elle-même plusieurs des solutions au problème. En envisageant le «**comment s'en sortir**», les parents de Guillaume ont d'abord pris conscience que dans un tel enchevêtrement de circonstances difficiles s'influençant mutuellement, leurs inquiétudes et leurs peines devenaient fort compréhensibles. Ils ont accepté les hypothèses que, de fil en aiguille, le stress financier dû à la perte d'emploi du père et son manque de support envers la mère augmentaient l'insatisfaction de cette dernière et que de ce malaise pouvait découler leur agressivité réciproque. Le sentiment d'agressivité contribuait pour une part à leur mésentente au sujet des règles et des exigences face à Guillaume. Cette mauvaise combinaison de facteurs ne concordait pas avec le style de tempérament de Guillaume nécessitant possiblement encore plus qu'un autre une discipline ferme et consistante. La mécanique défectueuse de ce cercle s'alourdissait davantage du poids de leurs valeurs familiales, des pressions de l'école et de l'inquiétude des parents face à l'orientation éventuelle de leur fils en classe spéciale. Le sentiment de culpabilité de la mère, interprété par elle comme un manque «d'instinct maternel», et sa frustration bien légitime face aux agissements de son enfant, ne faisaient que compliquer encore davantage la situation.

On peut voir que le **comment** contient non seulement une mais plusieurs solutions dans sa formulation. Il aime à considérer toutes les possibilités avant de choisir une stratégie d'actions. Le **comment** vous offre un éventail de solutions et met en lumière une série d'initiatives potentielles visant à provoquer un changement, plutôt que de vous confiner à une seule avenue. La cause principale n'est pas la cause la plus importante; celle qui importe, au contraire, est celle que vous pouvez modifier rapidement.

En parallèle à ce qui vient d'être dit, voyons par contre où la question du **pourquoi** nous aurait malheureusement dirigés dans le cas précis de Guillaume. Influencés par la compréhension initiale du problème par la mère (selon le **pourquoi**), nous nous serions orientés vers le sentiment de frustration de cette dernière face à l'opposition systématique de Guillaume. Son impression d'être une mère sans «instinct maternel» aurait été considérée comme un rejet de son enfant, interprétation souvent choyée par les spécialistes et les consultants dans le domaine des problèmes infantiles et familiaux. Paralogiquement et dans une ligne d'idées similaires, on aurait ainsi formulé à la mère un problème de non-acceptation de son rôle maternel. Dans un même élan, Guillaume aurait été perçu comme un enfant présentant des troubles émotifs en réaction au rejet de sa mère: on aurait expliqué que l'enfant manifestait une agressivité réciproque envers elle par de fréquents comportements d'opposition face aux demandes de la «mauvaise» mère sans instinct.

POUR RÉGLER
VOTRE PROBLÈME,
CELUI DE VOTRE
ENFANT
OU DE VOTRE
FAMILLE,
COMPRENDRE NE
SUFFIT PAS,
IL FAUT CHANGER.

Le **pourquoi** analyse constamment et tend à focaliser sur le négatif du comportement humain. Il culpabilise donc la plupart du temps. Il amène des solutions anachroniques et rétrospectives: dans le cas de Guillaume, le traitement basé sur le **pourquoi** nous aurait conduits à revoir tout le passé de la mère influençant son psychisme de façon à lui faire rejeter son enfant et refuser supposément sa maternité. Notons que ce genre d'hypothèse rétrospective est la plupart du temps anecdotique et sans fondement. Malgré son large emploi, elle ne s'appuie encore sur aucune donnée scientifique vérifiée et vérifiable. La mère de Guillaume serait ainsi sortie de mon bureau avec la confirmation par un «expert» de la justesse de son impression première d'être une mère inadéquate, médiocre et nuisible à son enfant. Dans ce cas précis, un **pourquoi** aurait finalement envenimé le problème.

Nous ne possédions aucun contrôle ou influence immédiate sur plusieurs facteurs interagissant pour créer le problème de Guillaume, tels que la perte d'emploi du père, la baisse de revenu, les pressions de la part de l'école, l'anxiété et la frustration légitime découlant de la résistance active de l'enfant. De plus, seule une influence à long terme pouvait modifier le tempérament intrinsèque de l'enfant. Dans cette conjoncture, il ne restait qu'à convenir de la pertinence de concentrer nos efforts sur deux facteurs susceptibles d'être maîtrisés par les parents: d'une part, l'établissement d'un consensus parental au sujet des règles de discipline envers Guillaume et d'autre part, un réajustement des attitudes de support du père envers la mère. Nous avons émis l'hypothèse, à brève échéance, que si les parents y mettaient quelque effort, un premier changement perceptible leur redonnerait de l'énergie et de l'espoir et aurait potentiellement un effet direct et indirect sur le contrôle des comportements de Guillaume. En conséquence, ce nouveau jeu des forces intrafamiliales amorcerait et stimulerait un changement progressif.

Avec le **comment**, il vous est permis de viser un ou plusieurs des facteurs qui entrent en jeu dans le cercle défectueux engendrant votre problème. Dans l'exemple de Guillaume, nous étions en présence d'une dizaine de facteurs potentiels se chevauchant les uns les autres pour entretenir le problème. Dans maintes situations, la perspective du **comment** actionne un processus qui commence par changer un des facteurs déterminant votre problème et cela, dès les premières semaines. Comme il n'y a rien de plus encourageant que de réussir, cette première transformation injecte une énergie positive chez les parents et l'enfant et les incite à travailler à d'autres changements dans un délai court de quelques semaines. L'observation d'une amélioration, si petite soit-elle, confirme l'utilité des hypothèses de départ.

Lorsque vous êtes impliqués dans des problèmes avec votre famille, votre couple ou vos enfants, l'erreur souvent commise consiste à vous imaginer être, à ce moment, «la cause principale» du problème. Cette erreur comporte trois fausses prémisses. D'abord, répétons-le, il n'y a jamais une seule cause à un problème. Deuxièmement, lorsque nous sommes plongés nous-mêmes dans une situation émotive, il nous est bien difficile, comme êtres humains, de conserver une opinion objective sur la cause principale: il vous est sûrement déjà arrivé de réaliser, seulement des années plus tard, de façon plus objective, quels ont été les motifs réels de votre comportement passé. Finalement, la cause imaginée comme étant la «principale» est loin d'être toujours celle qui vous conduira à la solution la meilleure et la plus rapide. Centrez-vous sur les facteurs dont vous avez le contrôle et non pas sur «**la**» cause qui vous paraît la plus puissante dans la genèse de votre problème. Dans le cas de la famille de Guillaume, toutes mes

```
┌─────────────────────────────────────────┐
│                                         │
│      NE FOCALISEZ PAS SUR LA            │
│      CAUSE PRINCIPALE.                  │
│                                         │
│      VISEZ PLUTÔT UNE CAUSE SUR         │
│      LAQUELLE VOUS EXERCEZ              │
│      UN CONTRÔLE.                       │
│                                         │
└─────────────────────────────────────────┘
```

énergies ont été au départ nécessaires pour persuader la mère de remettre en question, au moins temporairement, sa vivante conviction initiale d'être elle-même, par sa soi-disant absence «d'instinct maternel», la cause du problème de son fils. Et pourtant, l'évolution de l'enfant et de la famille par la suite l'a convaincue.

Un «comment s'en sortir» vaut mille «qui est le coupable»

La question du **comment** évite le piège de la recherche du coupable. La question du **pourquoi**, davantage inspirée du principe de la causalité linéaire, poursuit la cause unique, profonde, ancienne. Ce type d'attitude dans l'analyse et la solution d'un problème stigmatise une cause hypothétique et souvent, de ce fait, une personne derrière cette source unique. Par exemple, les parents de Guillaume éprouvaient certainement l'un envers l'autre une frustratiron notable: si au départ, la mère ou le consultant fait l'hypothèse que le père incarne à lui seul **la** principale cause du problème, alors forcément cette conception du problème encouragera la mère à voir le père comme **le** coupable. Elle risque de canaliser dans cette seule direction sa frustration passée et actuelle, ce qui peut bloquer un changement éventuel. D'autre part, si le tempérament propre de Guillaume est identifié comme **la** cause du problème, il est facile de concevoir la forte possibilité que l'anxiété et la frustration générées par les nombreux stress familiaux, soient toutes canalisées dans un courant négatif et indu d'émotions envers le **supposé** responsable du problème, l'enfant.

La complexité et la multitude des déterminants du comportement humain rendent impossible de préciser, dans l'état actuel de la science sur le développement de l'enfant et de la famille, le pourcentage d'effet d'un facteur par rapport à un autre dans la genèse d'un problème. L'utilisation du **comment** nous permet, jusqu'à un certain point, de court-circuiter ce manque de connaissances pour un problème particulier. Le **comment** n'a pas besoin d'arrêter **une** cause ou **un** coupable; le **comment** n'exige que la révision et l'identification de tous les facteurs causatifs possibles pour ensuite attaquer ceux sur lesquels vous avez une influence. Chercher le coupable ne résout jamais un problème familial, marital ou une difficulté avec un enfant. Cette attitude envenime plutôt le problème en vous méprenant et vous empêtrant dans une situation où il faudra inévitablement un gagnant et un perdant lorsque le problème sera réglé. Devant un problème humain, le «comment s'en sortir» est infiniment plus précieux qu'un «qui est le coupable».

Attaquez immédiatement et positivement quelques-unes des facettes de votre problème. Le fait de constater un changement encourageant, rapide et positif, si minime soit-il, constitue le meilleur moyen pour vous aider à oublier le passé et à pardonner à l'autre ses anciennes erreurs. La compréhension du **comment** et l'observation d'un début de solution positive dans un délai court donnent la petite portion d'énergie suffisante pour vous aider à aller de l'avant, en passant outre aux erreurs passées d'un «supposé» coupable. Par contre, l'être humain, s'il est dépressif et submergé de problèmes, éprouve excessivement de difficultés à oublier les fautes du passé. Cessez d'analyser le **pourquoi** de votre problème, passez en revue «les» causes et agissez au présent.

En changeant vos actions, vous changez votre inconscient

Il est étonnant de constater que la plupart des gens, et en particulier les «experts» du comportement, voient le développement de la personnalité humaine à sens unique, du passé vers le présent. Nous reviendrons plus explicitement au chapitre suivant sur ce préjugé concernant la temporalité des influences sur le développement humain et qui suggère, à tort, que le passé est plus important que le présent dans l'histoire de notre vie ou celle de nos enfants.

On peut entrevoir au moins deux facteurs soustendant la prédominance de ce mythe. Avouons d'abord que nous sommes tous, en raison de notre culture ou des courants sociaux actuels, des êtres du passé plutôt que des acteurs du présent; la plupart d'entre nous sommes enclins à dorloter notre passé. De plus, l'être humain a une propension à utiliser ses souvenirs pénibles, ses anciennes souffrances et ses carences passées comme une source intarissable de défaites et de faux-fuyants pour expliquer ses inévitables erreurs du présent, au lieu de les assumer. Par ailleurs, un phénomène trouvant origine dans les courants récents de la psychologie et de la psychiatrie, a probablement encouragé cette malheureuse tendance humaine. En effet, la psychanalyse et en particulier les disciples de Freud ont repris ce qui fut au départ une géniale intuition: l'être humain n'est pas motivé et influencé uniquement par ses pensées conscientes mais aussi par un psychisme inconscient très actif. Cependant avec le temps, on a galvaudé l'usage de cette extraordinaire découverte. Depuis le début du siècle, l'emphase a été mise presque exclu-

sivement sur l'inconscient passé en négligeant tout à fait les forces de l'inconscient présent. Des études récentes suggèrent effectivement que dans notre quotidien, des mécanismes intellectuels de notre pensée se déroulent à notre insu [18,19]; il est possible, par exemple, que nous percevions et intégrions de façon inconsciente ou pré-consciente des stimuli hors de la portée consciente de nos sens et que ceci influence notre pensée. Les découvertes sur les processus inconscients, non reliés aux souvenirs du passé, ont été jusqu'à maintenant plutôt ignorées en psychothérapie. On s'est donc imaginé, et une grande partie de la «psychocratie» s'imagine encore, que les fantasmes (sorte d'accumulation de souvenirs et d'imageries provenant d'influences anciennes) constituent le principal moteur et le moule véritable de nos actions présentes. Cette croyance émerge du plus pur mythe et elle se range nettement dans le registre des opinions soutenues par une communauté d'experts. Aucune donnée empirique ou méthodiquement vérifiée ne soutient cette pensée prédominante énonçant que nos actions présentes émanent principalement de nos souvenirs du passé très lointain. Que les fantasmes et les rêves imagés du passé existent sous une forme inconsciente et qu'ils nous reviennent de temps à autre consciemment ou dans nos rêves, ceci ne fait aucun doute. Par contre, de cette observation ne découle pas forcément l'existence d'une influence importante et automatique de ces phénomènes du passé sur la détermination du comportement humain actuel et ce, pour nos enfants comme pour nous les parents. Il est tout à fait étonnant de constater qu'on ait si largement adhéré à cette mentalité et qu'on l'utilise depuis tant d'années sans qu'on ne possède encore de données vérifiées ou qu'on ne fournisse d'effort méthodique pour l'étudier empiriquement. Que des anciennes images fantasmatiques et des souvenirs du passé existent en nous, soit, mais qu'ils influencent fortement, il faut voir, car toute chose qui

LE PRÉSENT INFLUENCE AUTANT OU MÊME PLUS VOTRE ENFANT QUE LE PASSÉ

existe n'est pas nécessairement importante. Prenons une simple analogie: la couleur des jeunes tiges et des feuilles de bambou dont se nourrissent les pandas est verte. Cela ne fait aucun doute, mais cela n'équivaut pas forcément à ce que la couleur verte des feuilles soit le déterminant le plus important de la santé physique actuelle ou de la survie de l'animal.

Ces deux éléments, notre penchant naturel vers un retour au passé et la pensée psychanalytique, ont possiblement incrusté la notion que le passé est plus important que le présent et le futur pour le développement des enfants et celui des adultes. Ce préjugé a contribué à créer l'impression, chez les spécialistes comme dans le public, que sans l'analyse des profondeurs du passé d'un adulte ou d'un enfant, nous ne pouvons ni comprendre le comportement présent, ni créer un changement humain durable.

Ce mythe est d'autant plus nuisible qu'il nourrit le sentiment fataliste que le passé est très puissant et qu'une transformation véritable ne peut se produire qu'au bout de plusieurs années d'analyse penchée sur soi et sur le problème passé. Et qui plus est, cette triste conception entretient le préjugé que plus notre enfant avance en âge, plus la situation est irréversible et plus le changement impossible, ce qui est dans certains cas tout à fait l'inverse. Nous en discuterons au prochain chapitre.

En reprenant notre exemple de la table de billard et des bandes élastiques pour illustrer concrètement l'approche du **comment**, on remarque que le passé devient une seule boule de billard parmi les nombreuses autres activant le jeu des forces qui interagissent dans le présent pour créer le problème. Il n'y a aucune raison scientifique, connue ou vérifiée, pour soutenir la croyance que cette «boule du passé» se trouve plus grosse que les autres, ou qu'elle se rattache aux autres boules avec des bandes élastiques plus épaisses, ce qui rendrait sa force plus importante pour déterminer la place actuelle des boules. Dans les Figures 2 et 3, vous remarquerez bien sûr que le passé influence le présent. Cependant aucune raison empirique ou logique n'élimine la forte possibilité qu'à l'inverse, dans le psychisme humain, le présent n'influence tout autant les structures ou les traces des expériences du passé. Ainsi, en changeant vos attitudes présentes envers votre enfant ou encore en travaillant actuellement sur votre relation avec votre compagnon de vie, vous changez votre inconscient.

Le chapitre suivant parlera davantage de l'état actuel des connaissances sur la réversibilité de l'effet des influences passées, en somme où se situerait le point de non retour.

* * *

CHANGEZ VOS HABITUDES ET
DU MÊME ÉLAN
VOUS CHANGEZ VOTRE
INCONSCIENT

Chapitre 5

TOUT NE SE JOUE PAS AVANT CINQ ANS

Il existe une tendance des plus regrettables à focaliser morbidement sur les maux de l'humanité et sur tout ce qui va mal. Il est assez exceptionnel pour quiconque d'étudier le développement de ces individus importants qui traversent l'adversité, qui survivent au stress et qui surmontent le désavantage.

There is a most regrettable tendency to focus gloomily on the ills of mankind and on all that goes wrong. It is quite exceptional for anyone to study the development of those important individuals who overcome adversity, who survive stress and who rise disadvantage.

— Michael Rutter —

Les autres années comptent aussi

Depuis 25 ans, on a publié énormément d'ouvrages traitant de périodes critiques survenant précocement au cours du développement de l'enfant. Ceci a beaucoup influencé l'opinion publique, particulièrement celle des parents. Les experts entendent par **période critique** une étape très circonscrite de la vie du nourrisson ou du très jeune enfant pendant laquelle des influences spécifiques et exclusives, de la part des parents, doivent s'exercer pour que s'acquiè-

89

rent des qualités essentielles au futur développement affectif et intellectuel de l'enfant. Ces livres ont directement ou indirectement suggéré qu'après ces périodes dites «critiques», apparaissant dans les premiers mois et années de vie où le système nerveux serait plus spécifiquement perméable, il deviendrait impossible de compenser un manque subi lors de ce court espace de vie. Ainsi, combien d'ouvrages ont-ils fait croire aux parents que tout l'avenir de leurs enfants se jouait avant l'âge de trois ou six ans; ces travaux reposent toutefois sur des connaissances scientifiques insuffisantes qui ont été soutenues par l'opinion d'une collectivité d'experts et par des généralisations hâtives à partir d'observations de cas extrêmes. Cette croyance au pied d'argile apparaît à plusieurs égards comme un facteur ayant contribué à miner la confiance des parents, en exagérant leurs inquiétudes et en déplaçant leur attention vers la période des premiers mois et des premières années de vie de l'enfant et cela, au risque de diminuer à leurs yeux l'extrême importance des années subséquentes de son développement.

Le présent chapitre essaie de replacer ce mythe dans le contexte des connaissances scientifiques récentes. Vous constaterez que les pages suivantes reformulent l'importance des premières années en considérant non seulement les connaissances scientifiquement reconnues, mais aussi en établissant clairement le domaine des hypothèses non encore vérifiées. En somme, il s'agit de distinguer les opinions des faits. Pour discuter d'un tel sujet, prendre conscience de nos points d'ignorance s'avère aussi important que de tenir compte des connaissances établies.

On peut en effet identifier trois attitudes subtilement téméraires adoptées par les experts, éducateurs et consultants de notre temps, face aux données scientifiques touchant le développement de nos enfants. Ces attitudes contribuent au galvaudage actuel des idées sur cette question. En premier lieu, on compte les personnes dites «expertes» qui se permettent tout simplement d'ignorer ce qui est déjà démontré ou fortement suggéré par la littérature scientifique mondiale sur le sujet. Cette façon de faire se retrouve principalement chez des consultants tellement convaincus du génie de leurs propres idées qu'ils éprouvent peu le besoin de les inscrire dans le contexte des connaissances empiriques. Vous reconnaîtrez ce premier type d'experts à leur tendance démesurée à penser que leurs nouvelles idées sur le développement de l'enfant sont un remède à tout, le moyen pour tout comprendre, plutôt qu'à leur tendance à adopter une position pondérée. Dans une deuxième catégorie logent les spécialistes qui, pour leur part, s'efforcent de suivre le courant de l'avancement des connaissances, mais en glissant dans la fâcheuse habitude d'aller au-delà de l'interprétation permise par la méthode et les résultats des études. Ces types de spécialistes ou consultants généralisent par exemple à tous les parents les observations dérivées de situations extrêmes ou de cas très déviants. Il existe enfin un troisième groupe de consultants qui se tiennent progressivement informés des connaissances vérifiées et qui se gardent même de dépasser les limites de généralisation permise par les recherches mais qui, hélas, escamotent totalement et galvaudent ce que nous ne savons pas encore. Les spécialistes de cette dernière catégorie ont décidé, de leur propre chef en somme, de compenser ou remplacer cette ignorance par une croyance ou une doctrine, malheureusement le plus souvent à teneur négative, plutôt que d'adopter une prudence éclairée par le bon sens et imposée par les limites actuelles de notre savoir.

J'espère ne faire partie d'aucune de ces catégories. J'argumenterai simplement sur le fait que tout l'avenir de nos enfants ne se joue probablement pas avant cinq ou six ans. J'ajouterai que, d'une façon plus conforme aux connaissances empiriques présentement accumulées, nous devrions reformuler ce mythe de la façon suivante: «De nombreux éléments du développement émotif et intellectuel de nos enfants se construisent dans leurs premiers mois et leurs premières années de vie, mais de nombreux éléments se construisent aussi après cinq ans et tout au fil de leur croissance». Avant d'exposer ce qui, à mon sens, soutient la nécessité de cette reformulation, j'aimerais revoir avec vous les raisons faisant en sorte que cette légende du «tout se joue avant cinq ans» a eu, et présente encore, un effet néfaste sur les parents.

Les malencontreuses influences du «tout se joue en bas âge»

Croire en effet que tout l'avenir de votre enfant se joue dans les premières années de sa vie comporte plusieurs dangers. Un premier défaut de ce mythe réside en ce qu'il suggère une vision fataliste et déterministe du développement de vos enfants tout en nourrissant davantage en vous ce sentiment de culpabilité devant vos inévitables erreurs du passé. Si tout se joue avant cinq ans, une suite logique de pensées vous convainc que les effets de vos erreurs sont irréversibles. Cela vous porte davantage à vous accuser, à abandonner et à vous immobiliser devant un problème. Cette conception, inexacte dans ses prémisses et dangereuse dans ses conséquences, a une propension sournoise à accroître vos inquiétudes sans indiquer d'alternatives en vue d'améliorer votre situation et les difficultés de vos enfants. À la limite, le «tout se joue en bas âge» suggère presque ouvertement que nous nous trouvons tous, comme parents, devant un «produit fini» dès que l'enfant arrive à six ou huit ans. Il ne reste donc qu'un pas à franchir pour adhérer à l'idée qu'il existe peu de moyens

ON PEUT IGNORER SON IGNORANCE

OU BIEN L'ENVISAGER

ET LA CONNAÎTRE.

CHACUNE DE CES DEUX ATTITUDES

ENGENDRE DES JUMEAUX:

UN PRIX À PAYER

ET UN BÉNÉFICE ESCOMPTÉ.

LA PREMIÈRE GÉNÈRE D'ABORD UNE

FAUSSE AISANCE, PUIS SON JUMEAU,

UNE FAUSSE CROYANCE.

LA DEUXIÈME GÉNÈRE

D'ABORD INQUIÉTUDE

ET RÉFLEXION, PUIS SON JUMEAU,

LA PRUDENCE.

pour remédier à un défaut ou un problème chez votre enfant s'il a atteint l'âge scolaire et, à plus forte raison, si vous possédez déjà la conviction que votre enfant a été «marqué» dans sa première enfance.

Ce mythe vous refoule dans une autre impasse: il suggère à tort que le passé laisse toujours des empreintes incrustées et indélébiles. Prenons l'exemple d'une mère se laissant croire que son enfant, entre l'âge de un et quatre ans, a été marqué du fait qu'elle fut dépressive pendant cette période suite à ses troubles conjugaux ou pour quelque autre raison. Elle est convaincue que son enfant en a souffert de multiples façons. Le «tout se joue en bas âge» contribuera davantage à miner l'énergie de la mère et à la faire abandonner, comme si les cartes étaient toutes irrévocablement jouées. Exagérer les conséquences, pour la plupart hypothétiques, dérivant d'une conception de la «période critique», ne peut qu'augmenter ce sentiment d'auto-accusation si fréquent chez les parents face à leurs possibles manques passés envers leurs enfants. Une croyance excessive aux traumatismes durant la «période critique» du début de la vie et à la fragilité psychologique du jeune enfant, paralyse au lieu de susciter des actions pour remédier ici et maintenant au problème qui vous inquiète.

Une troisième influence déplorable, renforcée par l'opinion des experts, découle des remous dans l'opinion publique créés par le «tout se joue en bas âge». Dans certains domaines, elle nous a fait investir proportionnellement trop de ressources financières et sociales pour les premières années de vie des enfants au détriment des autres étapes de leur développement. Prenons l'exemple des sommes directes et indirectes assignées à des programmes médico-sociaux visant à régir les premières heures de vie du nourrisson sous le prétexte d'améliorer la santé mentale future ou le développement affectif de l'enfant. Pensons juste aux nombreux écrits sur les techniques douces d'accouchement, à la «vraie manière» d'accueillir le bébé après sa délivrance, sur la façon de cohabiter avec le nourrisson après l'accouchement: toutes ces méthodes préconisées sur le fragile argument qu'elles doivent être pratiquées par les parents pour assurer à leur enfant un développement affectif «sans conflit».

Il n'est pas question d'affirmer que toutes ces approches très humanistes, péri et postnatales, ne méritent pas d'être défendues. J'insiste cependant sur le fait que, dans l'état actuel des connaissances vérifiées, on ne devrait jamais convaincre les parents, le plus souvent la mère, de se soumettre à ces méthodes sur la base d'arguments scientifiques. Bien peu d'études contrôlées, sinon aucune, ne démontrent encore l'effet bénéfique de ces techniques sur le développement de nos enfants, à moyen et à long terme. Les experts n'ont le droit de persuader les mères de s'engager dans un accouchement naturel, douloureux, qu'en utilisant des arguments personnels ou humanistes mais aucunement en invoquant des raisons scientifiques pour l'instant inexistantes. Plusieurs personnes dites «spécialisées» obtiennent souvent l'assentiment des parents et des mères en les culpabilisant presque honteusement, en affirmant de leur position d'experts, que ces méthodes favorisent un développement affectif plus harmonieux de l'enfant. Combien de mères ont alors accepté la douleur d'un accouchement naturel ou se sont prêtées, après l'accouchement, à des nuits sans repos afin de cohabiter avec un nouveau-né plus difficile, en ayant été persuadées qu'une autre décision aurait certainememt nui au développement affectif optimal de leur enfant. Vous avez eu comme moi l'occasion de rencontrer des mères qui, après de longues années, entretenaient encore inquiétudes et regrets parce qu'au dernier moment, elles n'avaient pu accoucher «naturellement» ou s'étaient trouvées trop épuisées pour garder le nouveau-né avec elles dans leur chambre d'hôpital. Le lavage de cerveau subi par les parents dans certains groupes prénataux frise la malhonnêteté ou l'ignorance des intervenants face aux recherches existantes (ou plutôt inexistantes) sur le développement de l'enfant.

Si elle le désire, une mère possède certainement le plein droit de choisir un accouchement naturel, peu importe la technique spécifique employée et d'accepter son bébé dans sa chambre 24 heures sur 24 après son accouchement. Elle doit cependant demeurer en tout temps libre mentalement de changer d'opinion si la peur, l'imprévu, la douleur ou la fatigue lui dicte humainement une autre orientation. La convaincre d'accepter une telle approche, en affirmant qu'il est démontré scientifiquement que ces techniques influent sur le développement de l'enfant alors que ce n'est pas le cas, voilà qui est, sous plusieurs aspects, passer outre à l'éthique.

Pensez vous-mêmes que vous méritez d'être informés

L'usage que l'on fait parfois de la culpabilité des parents et de leur manque de confiance en eux-mêmes m'a réellement renversé lors de deux expériences, l'une personnelle et l'autre professionnelle, qui se sont produites presque simultanément. Ma compagne et moi suivions nos cours prénataux alors qu'à la même période, dans le cadre de mes activités de recherche, je passais en revue la littérature scientifique internationale concernant l'influence des techniques douces d'accouchement sur le développement de l'enfant. Quelle ne fut ma surprise de constater, après avoir vérifié à plusieurs reprises dans les banques de données informatisées sur le sujet, qu'une seule étude contrôlée sur l'effet des techniques douces d'accouchement avait été publiée avant celle que nous désirions entreprendre en 1980! Cette unique étude d'un groupe de l'Université McMaster d'Hamilton (Ontario, Canada), ne décelait d'ailleurs aucune influence de ces méthodes sur le développement de l'enfant dans sa première année de vie. Par la suite, notre étude à Québec [20] arriva à la même conclusion, soit l'absence d'association entre la technique douce d'accouchement (ou la cohabitation) et le tempérament des bébés dans la première année de vie. Vous vous devez donc, comme parents, de poser des questions aux spécialistes et aux intervenants sur l'existence ou non de recherches soutenant leurs affirmations. Ceci éclairera votre propre jugement et vous aidera à prendre les décisions appropriées concernant vos attitudes personnelles face à vos enfants. Le croirez-vous? Parallèlement au tapage public qui s'effectue au sujet des techniques douces d'accouchement, comme celle de Leboyer par exemple, seulement deux études méthodiques et contrôlées ont été publiées jusqu'à maintenant dans les périodiques scientifiques sérieux.

Pour devenir des parents bien informés, vous devez en premier lieu penser que vous méritez de l'être. Dans le cas des techniques d'accouchement, vous avez le droit de savoir que ces deux études n'ont pas réussi à discerner les effets de la technique d'accouchement sur le développement mais aussi que ces deux recherches, trop peu nombreuses, mesurent nécessairement des paramètres restrictifs. De ce fait, elles ne peuvent davantage servir à confirmer l'inverse: elles ne prouvent pas non plus que les techniques douces d'accouchement ne produisent définitivement aucun effet. Bref, il n'existe pas encore d'évidence scientifique soutenant que ces techniques d'accouchement interviennent sur le développement de nos enfants. Il faut vous rappeler que les affirmations de certaines personnes «expertes», si nombreuses soient-elles, n'équivalent pas à une démonstration méthodique et contrôlée de la véracité de leurs dires.

LE FUTUR DE VOTRE ENFANT
SE JOUE TOUT AUTANT
MAINTENANT
QU'AVANT L'ÂGE DE CINQ ANS.

Nous verrons dans les pages ultérieures l'évolution de la pensée concernant le développement de l'enfant selon les résultats des recherches développementales des quinze dernières années. Les études, sans atténuer le rôle des premières années sur le développement, contredisent cependant l'importance excessive attribuée au début de la vie pour le développement à long terme de l'être humain. Nous constaterons, entre autres, que les stress, traumatismes ou carences qu'un enfant doit subir en bas âge pour en conserver des séquelles graves et durables dans son développement futur, doivent être d'une intensité et d'une durée très considérable. Les parents peuvent ainsi s'attendre, avec assez d'assurance, à ce que des attitudes périnatales aussi légères dans leur nature et aussi courtes dans leur durée, n'aient pas une portée appréciable sur l'avenir de leurs enfants. De toute façon, la vraie réponse ne viendra pas d'un battage publicitaire ou de pressions politiques d'un groupe d'intervenants; elle surgira d'études contrôlées encore à venir.

Huit évidences soutenant que le passé n'est pas plus important que le présent

Regardons maintenant de plus près quelques évidences directes et indirectes suggérant que les deux ou trois premières années de vie n'ont pas le rôle déterminant et crucial qu'on leur a accordé pendant si longtemps.

1. *Les nourrissons ne sont pas psychologiquement aussi fragiles qu'on le croyait*. Un facteur important qui restreint l'influence psychologique des parents et de l'environnement dans les premiers mois de vie du bébé, se retrouve dans la faiblesse même du développement cognitif de ce dernier. Cette faiblesse limite donc le niveau de compréhension

du nourrisson. En d'autres termes, une attitude parentale maladroite ou un événement très stressant ne peut laisser davantage de traces que ce que le système nerveux ou le psychisme du bébé peut percevoir, enregistrer ou prévoir. Effectivement, le nourrisson ne possède pas des sens, une intelligence ou une mémoire assez développés pour comprendre ou appréhender une influence complexe de l'environnement et en imaginer les répercussions. Il ne peut saisir des messages et des émotions détaillés dans les personnes et l'atmosphère familiale. Toutefois cela ne signifie pas que le nourrisson ou le jeune enfant ne peut réagir à son environnement. Il existe en effet des évidences empiriques qui démontrent bien que le nourrisson répond immédiatement ou de façon passagère à des stimuli très spécifiques. Mais évaluer la portée, à moyen et long terme, de ces réactions sur le développement et le psychisme de l'enfant s'avère une toute autre histoire. Plusieurs scientifiques de la psychologie développementale dont Jérôme Kagan [8], ou de la psychiatrie infantile dont Michael Rutter [21], interprètent eux aussi de cette manière le résultat des recherches actuelles. Le nourrisson se voit ainsi protégé par son faible développement psychique.

Il existe un deuxième élément soutenant qu'en général, les stress dans l'environnement n'influencent pas plus dans les premiers mois ou premières années de la vie que dans les années ultérieures. Il ressort en effet que la manière propre à l'enfant de percevoir une épreuve difficile influence probablement de façon significative les conséquences de cet événement sur son évolution future. De plus en plus, les chercheurs s'attardent à cette possibilité [21]. Ainsi, la nature et l'intensité du stress agiraient sur l'enfant, mais sa façon personnelle d'y faire face et sa capacité d'envisager, dans l'immédiat, les possibles conséquences futures des stress influeraient tout aussi considérablement. Ces qualités d'appréhension du futur nécessitent des capacités d'abstraction et un minimum de développement des habilités intellectuelles chez l'enfant. À l'opposé de l'enfant plus âgé, le nourrisson et l'enfant de moins de deux ou trois ans ne possèdent pas ou peu les capacités cognitives et les habilités d'abstraction nécessaires pour imaginer toutes les conséquences nuisibles du stress dans l'avenir. Le très jeune enfant, par rapport à un aîné, se trouverait ainsi protégé de plusieurs stress et traumatismes environnementaux. Certes, des études montrent maintenant que les nourrissons réagissent de façon différentielle à des stimuli dans leur environnement et que leurs réactions instantanées peuvent être spécifiques à des stimuli très circonscrits comme des formes géométriques particulières, le ton de la voix de leur mère ou l'expression globale de son visage. Rien cependant ne suggère que sa compréhension puisse aller plus loin qu'une réaction immédiate, sauf peut-être s'il s'agit de privation sévère ou d'attitude parentale gravement déviante et de longue durée. La somme actuelle des recherches sur les facteurs environnementaux influençant le développement du nourrisson arrive pour l'instant à la bonne vieille conclusion que ce dernier a besoin, d'une part, de sécurité et d'affection de par la présence assez stable d'un parent comme figure d'attachement et, d'autre part, de stimulations tactiles, auditives et visuelles, de jeux, de soins physiques adéquats, de stimulations environnementales et verbales appropriées pour accroître ses habilités neuromotrices et cognitives [8]. Aller beaucoup plus loin que ceci, dans le domaine des besoins psychologiques du nourrisson, nous pousse dans le champ des spéculations ou de possibles banalités qui risquent bien davantage de fournir prétextes à culpabiliser un grand nombre de parents plutôt qu'à les aider pratiquement avec leurs enfants.

2. *L'existence de périodes critiques irrévocables a été exagérée.* Les recherches confirment certes l'existence de périodes du développement où l'enfant présente plus de sensibilité à certains événements stressants et où il montre plus de propension au développement rapide de certaines qualités psychiques. Toutefois ces recherches suggèrent que les phases de plus grande sensibilité n'adviennent pas toutes dans les périodes très précoces de la vie, contrairement à l'idée véhiculée par plusieurs experts. Les recherches récentes suggèrent plutôt que les susceptibilités particulières de l'enfant à certains stress ou influences varient selon son âge et notamment, son degré de maturité intellectuelle, sociale et émotionnelle. Par exemple, à l'encontre de ce qui fut prôné en 1951 par un Comité d'Experts de l'Organisation Mondiale de la Santé, la séparation mère-enfant en bas âge ou le travail de la mère à l'extérieur ne s'avère pas nécessairement et absolument tragique pour le développement de l'enfant. On sait maintenant que si le contexte de cette séparation est positif et s'il existe un substitut à la mère pour fournir les soins physiques et affectifs nécessaires à l'enfant, ce dernier ne souffrira pas de préjudices. Les recherches n'ont pas réussi à démontrer qu'une relation chaude, intense et **continue** du nourrisson avec sa mère, assurerait nécessairement, pour l'avenir, un développement affectif harmonieux [**9,22**]. Les résultats récents d'étude concernant les jeunes enfants ayant fréquenté les garderies, le plus souvent en raison du travail à l'extérieur de la mère, suggèrent qu'ils ne souffrent pas davantage de troubles en début d'année scolaire que ceux ayant vécu toute la journée avec leur mère. Mentionnons cependant les études sur la séparation mère-enfant, particulièrement les admissions multiples de jeunes enfants à l'hôpital, qui suggèrent que ces éloignements temporaires

comportent un plus grand risque pour le développement affectif s'ils surviennent spécifiquement entre l'âge de six mois et quatre ans [14]. On peut ainsi faire l'hypothèse qu'avant l'âge de six mois, le nourrisson serait protégé par son faible développement intellectuel le rendant moins vulnérable à ce type de rupture; de même après quatre ans, l'enfant pourrait bénéficier de capacités intellectuelles plus grandes lui permettant d'imaginer ou prévoir mentalement que ses parents reviendront, de comprendre qu'il n'est pas abandonné et que ses parents restent toujours présents dans sa vie même s'ils ne demeurent pas pour l'instant à ses côtés. En ce qui a trait à l'effet du décès d'un parent sur le développement de l'enfant, les études mettent en évidence les réactions les plus difficiles à l'adolescence plutôt qu'en très bas âge. Enfin, des études longitudinales, c'est-à-dire celles qui suivent les mêmes sujets pendant plusieurs années, indiquent que la discorde sérieuse entre parents est davantage associée à des troubles d'ajustement à l'âge adulte [23] si elle est vécue par les enfants vers l'âge de trois ou quatre ans. La réaction des enfants au divorce de leurs parents semblent, selon les études récentes, également reliée à plusieurs particularités. D'abord, les garçons paraissent en souffrir à long terme plus que les filles et des études, s'étendant sur une dizaine d'années, montrent que les enfants qui sont plus jeunes au moment du divorce, soit vers l'âge de deux ou trois ans, souffrent moins de séquelles à l'adolescence que ceux qui avaient cinq ou six ans lors de la séparation parentale [24,25]. Les recherches n'ont pas encore cerné les véritables effets à long terme du divorce sur les enfants, ni les moyens précis à utiliser pour prévenir ces effets; la prochaine décennie nous en dira certainement plus long à ce sujet [26]. Les études suggèrent là aussi qu'il n'y a jamais une seule cause à un problème et qu'en plus du divorce, les conditions sociales, l'arrivée d'un parent substitut, les qualités de l'enfant et celles des parents entrent toutes en jeu.

Cela nous révèle donc assez clairement que la sensibilité de certaines périodes de la vie de l'enfant est spécifique au type de stress. Il ne s'agit donc pas d'une sensibilité générale, toujours située en très bas âge et ouverte à n'importe quelle sorte d'influences négatives. Certains âges seraient plus susceptibles à certains stress et ces périodes ne correspondraient pas nécessairement aux années les plus précoces. Ainsi pour certains stress, la période de plus grande sensibilité se trouve bien après l'âge de trois, quatre ou cinq ans. Enfin, les évidences empiriques suggèrent fortement qu'avant l'âge de quatre ou six mois, le nourrisson est grandement protégé par son faible développement intellectuel et cognitif. Il se trouve en quelque sorte blindé contre plusieurs chocs environnementaux et surtout contre certaines influences psychologiques légères pour lesquelles les parents sont trop souvent portés à s'inquiéter.

3. *Seuls les événements néfastes très sévères et de longue durée ont probablement une influence à long terme sur nos enfants.* La généralisation à toutes les familles de notre société, d'observations de cas plutôt rares et très sévères, a contribué à prêter trop d'importance aux attitudes des parents dans les premiers mois de la vie d'un enfant. L'observation clinique et les études démontrent bien sûr que des stress ou une privation sociale et affective grave (par exemple dans des milieux de misère socio-économique) peuvent avoir une influence prolongée sur le développement intellectuel et affectif de certains enfants, à condition que ces graves lacunes s'étendent sur de nombreuses années. J'entends aussi par stress graves, des

traumatismes physiques qui endommagent le cerveau de l'enfant en bas âge ou encore des déviations d'attitudes parentales découlant d'une maladie mentale sérieuse (schizophrénie, psychose maniaco-dépressive, alcoolisme décompensé, etc.). Des traumatismes beaucoup plus légers ou modérés dans leur nature ne peuvent être automatiquement comparés à ces cas extrêmes. Malheureusement, plusieurs spécialistes et intervenants font encore ce type de comparaison. Plusieurs ont pensé, trop hâtivement, que si des déviations graves et persistantes déclenchaient des troubles graves chez l'enfant, des déviations parentales légères ou courtes créeraient nécessairement des troubles proportionnellement modérés ou légers. Les observations méthodiques montrent qu'une équation de ce genre est loin de toujours exister. Cependant, cette équation a fait croire aux parents de notre société que leurs attitudes momentanément maladroites, ou leurs gestes parfois non réfléchis et générés par les émotions du moment, pouvaient produire un effet grave, irréversible et à long terme sur leurs enfants. Il semble au contraire qu'il faille dépasser un certain seuil pour susciter un effet durable sur le développement d'un enfant. Il est maintenant clair que le développement de l'enfant est trop complexe dans ses causalités et les facteurs qui le déterminent pour admettre une telle généralisation. Les recherches commencent à peine à dévoiler les mécanismes d'action des facteurs de stress sur l'enfant, c'est-à-dire la façon exacte avec laquelle des stress spécifiques agissent sur des aspects précis du développement de nos enfants. Ainsi des influences défavorables, pourtant observables mais moins graves ou traumatisantes que d'autres, n'auront pas le même impact sur l'enfant, puisque les mécanismes d'action (les façons dont ils agissent sur l'enfant) seront probablement différents.

Il faut aussi souvent considérer que la méthodologie des recherches génère des résultats se rapportant à des groupes d'enfants sous étude plutôt qu'à des individus. Par exemple, bien qu'il soit maintenant démontré que la discorde sérieuse et durable entre parents influence le développement affectif d'une bonne proportion d'enfants, il n'en reste pas moins qu'une grande partie des enfants qui en auront souffert ne développeront pas de troubles notables ou persistants. La même observation peut s'appliquer aux influences sur le développement intellectuel des enfants: même s'il est admis qu'il existe une tendance de groupe révélant que les enfants issus d'un milieu socio-économique défavorisé présentent, en groupe, un QI moins élevé en début scolaire, il demeure que plusieurs enfants provenant de ces mêmes milieux ont une intelligence supérieure. En somme, il s'avère bien difficile de prédire l'avenir d'un seul individu et cela, même si tous les désavantages familiaux et sociaux l'accablaient en bas âge. Également, sauf dans les cas extrêmes et très rares d'enfants placés en réclusion pendant longtemps, victimes de privation sociale et affective très sérieuse ou encore de déviations parentales graves, il y a de fortes évidences suggérant d'abandonner l'idée que vos anciennes attitudes, eussent-elles été à votre avis néfastes pour votre enfant, ont toujours un effet permanent et incrusté dans le psychisme de ce dernier.

4. *Les effets des traumatismes graves sur un enfant peuvent être réversibles.* On reconnaît de plus en plus que même les séquelles observables des traumatismes ou de la carence affective grave chez l'enfant en bas âge ne sont pas définitives, si l'on prend soin de les corriger en procurant un environnement sain, positif et stimulant pendant une longue période. Les recherches des dix dernières années [9,14] remettent en question le caractère toujours irréversible des effets à long terme causés par des privations aiguës subies dans la première enfance. Ainsi, l'observation de cas pathétiques où des enfants ont été mis en réclusion [27] pendant leurs premières années de vie par des parents malades révèle que ces enfants ont récupéré de façon étonnante bien qu'imparfaite. La situation d'enfants carencés et adoptés tardivement montre pareillement que l'influence d'une nouvelle famille, disposant de qualités stimulantes et positives, peut renverser en grande partie les effets de traumatismes en bas âge pourvu que l'investissement soit suffisant. Également, les résultats de recherches récentes impliquant des jeunes filles ayant grandi en institution montrent qu'à l'âge adulte, alors que plusieurs d'entre elles établissent difficilement des liens significatifs avec leur milieu et s'y intègrent péniblement, la plupart de celles qui ont fait un mariage satisfaisant mènent une vie affective, sociale et parentale normale. Une relation maritale positive aurait ainsi renversé en grande partie l'effet négatif du placement à long terme en bas âge [28]. Même s'il subsiste un immense travail à accomplir en vue d'élargir nos connaissances, toutes ces recherches soutiennent ceci: la persistance des effets néfastes suite à une privation ou un traumatisme sérieux survenu en bas âge dépend autant, et parfois plus, des actions, attitudes et décisions prises dans les années subséquentes, que de l'importance et de la nature du stress subi en enfance.

5. *Les enfants ne sont pas uniquement des victimes de leur environnement.* Nos enfants vivent certes dans un état de grande dépendance par rapport à nous, mais ils ne sont pas uniquement des victimes ou des réceptacles passifs des influences provenant de leur environnement. Les enfants se distinguent par leurs caractéristiques intrinsèques les rendant plus vulnérables ou au contraire invulnérables à des circonstances stressantes et pénibles. Nous avons déjà parlé au début de ce livre du tempérament de chaque enfant. Les recherches s'efforcent maintenant de mettre en évidence les qualités personnelles qui protègent certains enfants des stress environnementaux auxquels leurs frères ou sœurs succombent facilement. On retrouve beaucoup d'enfants de milieux très défavorisés, particulièrement dans des aires de centre-ville où sont associées misère, criminalité et pauvreté, qui développent des problèmes psychiatriques. Cependant les études confirment aussi qu'une bonne proportion de ces enfants sortent miraculeusement presque indemnes de tels milieux [21]. Les qualités personnelles les rendant invulnérables à des stress qui nuisent pourtant aux autres enfants de la même famille demeurent encore inconnues. Mais un consensus scientifique semble établi: de telles qualités d'invulnérabilité existent. La recherche des facteurs extérieurs ou intrinsèques qui progètent certains enfants fera partie de l'effort scientifique des prochaines années. Elle nous aidera à mieux comprendre les mécanismes d'action des facteurs traumatisants et à comprendre aussi ce qui rend certains enfants plus sensibles ou vulnérables.

6. *La structure de la personnalité n'est pas fixe.* L'existence d'une structure de personnalité fixe, bien établie, se constituant en bas âge pour demeurer jusqu'à la fin de la vie n'est plus compa-

tible avec les résultats des études sur le développement de l'enfant. Les études longitudinales, celles ayant suivi les mêmes enfants de la naissance jusqu'à l'âge adulte, n'ont pas réussi à démontrer une forte continuité ou stabilité des caractéristiques développementales chez les individus. Au contraire, les observations empiriques nous apprennent, sans équivoque, que le comportement ou la personnalité est bien davantage l'objet de transformation que de constance au cours des années. Il y va de même pour la notion de tempérament dont nous avons parlé précédemment; les recherches décèlent que le tempérament change énormément au cours des ans, même si un certain degré de continuité dans le temps est observable. Le tempérament de l'individu se voit donc lui aussi soumis à l'influence des circonstances, des attitudes, des valeurs familiales et sociales. Il reste encore aux scientifiques à saisir la nature des forces qui font changer nos enfants. De plus en plus, on constate l'évidence que la famille ne constitue pas l'unique influence provoquant un changement de personnalité, de caractère ou de comportement chez l'enfant. L'école, les circonstances et opportunités de la vie, les expériences de succès ou d'échecs et les relations sociales avec les autres enfants ont probablement une influence substantielle.

Vous serez également surpris de savoir que les catégories de personnalité adulte dont vous avez entendu parler (la personnalité hystérique, la passive dépendante, la paranoïde, etc.), n'ont guère de base empirique et cela, malgré l'usage répandue qu'en font les consultants. Ces typologies naquirent principalement de courants de pensée psychanalytique. Elles furent peu, ou pas, vérifiées par des études systématiques et contrôlées afin de tenter de saisir leur évolution de l'enfance à l'âge adulte; leurs liens

CE N'EST PAS TANT QU'ELLE SOIT
PRÉCOCE DANS LA VIE,
QU'UNE ATTITUDE FAVORABLE
OU DÉFAVORABLE
INFLUENCE VOTRE ENFANT,
C'EST PLUTÔT
QU'ELLE DURE LONGTEMPS.

avec les troubles mentaux de l'adulte ne sont pas établis empiriquement. Sans nul doute, faut-il maintenant admettre que le futur de nos enfants se bâtit sur de multiples potentialités émotionnelles, intellectuelles et tempéramentales. Il est soumis à de nombreuses influences extérieures provenant de son environnement familial, social et scolaire, créant des réactions en chaîne qui se caractérisent par leur complexité et leurs interactions multiples. Dans l'état actuel des connaissances, il est maintenant permis d'affirmer que, toute chose égale par ailleurs, ce qui détermine ce que vous êtes ou ce que votre enfant est maintenant, ce sont tout autant les forces récentes et actuelles que le jeu passé de ces forces.

7. *Les obstacles rencontrés durant l'enfance n'auraient pas toujours un effet négatif.* Dans certaines circonstances, il est possible que les obstacles et l'adversité rencontrés durant l'enfance présentent aussi des effets positifs sur le développement. En effet, cela peut se produire selon le degré de support affectif donné à l'enfant par son environnement (famille, école, etc.), les qualités personnelles d'invulnérabilité de l'enfant et selon le niveau de maturité avec lequel il perçoit et affronte les événements stressants et l'adversité. D'une part, on sait que certaines mauvaises expériences vécues durant l'enfance n'accentuent pas nécessairement la vulnérabilité ou la faiblesse des enfants face à tous les stress éventuels, mais seulement face à certains événements spécifiques stressants à l'âge adulte. D'autre part, certaines autres situations de l'enfance qui paraissent négatives sur le moment, pourraient renforcer l'enfant et le rendre moins vulnérable à des stress spécifiques ultérieurs. Par exemple, des données récentes suggèrent que des séparations courtes et fréquentes d'avec la mère, survenant en bas âge dans un contexte positif, protègent l'enfant contre une réac-

tion sévère s'il advenait plus tard une rupture de longue durée. Ainsi, être fréquemment séparé de sa mère en bas âge dans un contexte positif protégerait l'enfant contre le stress de séparations futures. Autrement dit, l'obstacle ou le stress vécu en bas âge agirait de façon à protéger l'enfant contre l'effet d'un stress de même nature arrivant plus tard dans la vie. Quoique les scientistes continuent à étudier ce qui détermine l'effet de risque ou de protection d'une expérience négative vécue en enfance, peu d'hésitations subsistent maintenant sur ces dernières affirmations.

Par ailleurs, il est possible que l'acquisition progressive par l'enfant d'attitudes positives face aux obstacles et d'un sentiment de confiance en soi, d'efficacité et de contrôle sur sa vie, constitue un élément important pour son développement émotif. Cet élément est susceptible d'accroître chez l'enfant des capacités d'adaptation qui l'aideront plus tard à accepter, à assumer et à traverser l'adversité. Ces qualités, on le comprend maintenant, ne peuvent s'acquérir principalement ou uniquement pendant les toutes premières années de la vie. Elles s'obtiendront plutôt lorsque l'enfant aura acquis la maturité neuronale, émotionnelle et intellectuelle lui permettant d'accepter et d'intégrer, dans son psychisme, de telles influences complexes de la part de sa famille et de son environnement. Il est étonnant de constater que très peu de chercheurs ne se soient encore intéressés à la genèse chez l'humain, en particulier chez l'enfant, de la détermination personnelle et de la volonté ainsi que de leur influence en vue d'un ajustement adulte optimal.

8. *Le développement du cerveau et du psychisme humain fait preuve de plasticité et de réversibilité.* Les courants scientifiques modernes placent maintenant dans une position précaire les croyances et les inquiétudes excessives reliées aux pre-

mières années de vie. Ils mettent plutôt en lumière les qualités encourageantes du psychisme et de son développement. À l'idée fataliste de périodes précoces, cruciales et déterminantes, la science vient apposer la notion de réversibilité et de plasticité du développement humain. Les chercheurs travaillant sur le développement de l'enfant vous parleront de l'immense malléabilité [1,8,21] du système nerveux, du développement cérébral et de la psychogenèse. Toutes les années de l'enfance et de l'adolescence, et non pas seulement les deux ou trois premières, s'avèrent primordiales dans nos efforts d'intervention et d'investigation. En attendant le résultat des recherches, les parents trouveront avantage à adopter une attitude positive. L'essence de l'esprit humain et de son évolution personnelle se retrouve dans sa capacité et sa prédilection au changement et à l'adaptation positive plutôt que dans son déterminisme et son immuabilité. Le mythe du «tout se joue avant trois ou cinq ans» se meurt lentement avec ses accolytes, le mythe de «l'instinct maternel» et surtout celui du «passé s'avérant plus important que le présent». La science du développement de l'enfant est déjà engagée dans l'étude du processus de changement humain plutôt que dans la recherche d'un déterminisme, d'une stabilité ou d'un immobilisme que les études empiriques n'ont d'ailleurs pu démontrer jusqu'à maintenant.

En somme, le temps joue bien plus souvent en votre faveur et celle de vos enfants qu'à votre détriment, surtout si vous vous efforcez d'agir maintenant et positivement face à une difficulté avec votre enfant ou dans votre famille. À la croisée d'un problème avec votre enfant, vous vous trouvez devant une seule alternative: retourner au passé ou croire au présent. Il faut certes du courage et une décision ferme, ancrée dans le présent, pour que les solutions surgissent. À l'inverse, le choix du passé vous laisse sans moyen.

Terminons par un bref retour à l'exemple de Guillaume. Que serait-il advenu si la mère, ou le père, s'était refusée à travailler sur le présent en s'embusquant derrière sa croyance que la cause du problème venait du passé, c'est-à-dire que l'enfant aurait souffert en très bas âge du manque «d'instinct maternel» de sa mère? Une telle position n'aurait fait surgir aucune solution pour l'enfant et pour la famille. Il arrive encore trop souvent que des parents se lient les mains en face d'un problème avec leur enfant en se persuadant que le problème est né d'un espace de temps réduit et précoce où l'enfant aurait été «marqué». La nature n'arrange pas ainsi les choses et les récentes observations contrôlées et méthodiques du développement de l'enfant sont en train de nous le faire remarquer.

* * *

Chapitre 6

LES PROBLÈMES NOUS TRANSFORMENT

Personne ne perd jamais courage! Le courage n'est pas quelque chose que l'on perd, parce que le courage est toujours un choix.	Nobody ever loses courage! Courage is not something you lose, because courage is always an option.

— Robert Schuller —

Attaquez votre problème

Ce n'est pas seulement la nature de vos problèmes avec vos enfants et dans votre famille ou la technique dont vous avez entendu parler pour les résoudre qui importe, mais c'est aussi votre effort. Vous devez d'abord attaquer votre problème. Les recherches à venir nous aideront certainement à déterminer, selon des critères objectifs, les méthodes thérapeutiques les plus adéquates en vue de résoudre des problèmes spécifiques chez votre enfant, dans votre famille ou votre couple. Elles nous indiqueront, par exemple, les circonstances où une technique behaviorale devient plus appropriée qu'une thérapie individuelle ou familiale et à quel moment il s'avère pertinent d'y adjoindre temporairement un médicament. Ces recherches, ayant pour but d'évaluer les mé-

115

thodes de traitement pédagogique, psychologique et psychiatrique, ne toucheront cependant pas la pierre d'achoppement à toutes solutions aux problèmes humains: votre propre détermination et votre effort conscient pour approcher et régler votre problème.

Bien qu'il n'existe encore que peu d'études empiriques sur les facteurs reliés à la volonté humaine, tous les psychiatres et psychologues s'accordent pour affirmer qu'il est impossible d'aider une personne confrontée à un problème si elle ne se montre pas, au départ, intéressée à le faire disparaître de son environnement. Certes, si vous attaquez vos problèmes, personne ne peut vous garantir que vous trouverez une solution mais en restant immobile et en les évitant, il est bien assuré que vous ne les réglerez jamais. Comme nous en avons discuté précédemment, la solution de votre problème se trouve dans le présent et, quoique vous en pensiez, vous avez un grand contrôle sur votre présent.

Il y a trois genres de familles face aux problèmes

Votre famille se distingue des autres par sa façon propre d'aborder et de résoudre les difficultés qui surviennent régulièrement, en particulier celles qui sont de nature émotionnelle. En ce sens, on remarque trois types de familles: celles qui évitent systématiquement les problèmes, puis celles qui les déplacent et enfin, celles qui tentent de les résoudre à mesure qu'ils surgissent. Les premières, en balayant les problèmes sous le tapis, attendent que déborde l'amoncellement et que se produise l'éclatement ou l'état de crise avant de tenter une action. Les secondes réussissent à se convaincre que le problème provient toujours d'ailleurs. Elles déplacent carrément les difficultés sur l'école ou sur la société, ou encore sur des personnes extérieures à la famille. Elles dévient sim-

plement le problème sur tout le monde en généralisant par exemple ainsi: «toutes les familles sont comme nous, aux prises avec des problèmes insolubles», «tous les couples fonctionnent mal comme le nôtre», ou encore «tous les parents de notre époque sont incapables de contrôler les enfants ou de leur inculquer une discipline», etc... Ce type de généralisations et d'extrapolations recèle un pouvoir néfaste sur votre psychisme. En s'inscrivant subrepticement dans vos pensées, ces généralisations vous immobilisent et vous retirent tout désir d'affronter vos problèmes. Elles vous font tout doucement croire qu'il est normal de ne pas y faire face, sous prétexte que les problèmes s'inscrivent dans une sorte de «fatalité» dont tout le monde est victime. Vous êtes alors momifié tandis que votre problème est plus vivant que jamais. Le troisième type de familles enfin, reconnaît et identifie les problèmes un à un. Au fur et à mesure, ces familles y trouvent des solutions. Elles vivent avec l'idée que les problèmes et les difficultés émotives sont le sel de la vie. Au lieu d'apparaître uniquement comme des obstacles, leurs problèmes deviennent des étapes ou des exercices leur permettant de se transformer pour le mieux et de se dépasser eux-mêmes.

Une famille normale n'est pas une famille sans problème

Contrairement à l'opinion de plusieurs, une famille heureuse et en santé n'est pas essentiellement une famille sans problème. En fait, une vie familiale active sans l'apparition de difficultés n'existe pas. Bien sûr, certaines familles laissent croire, en façade, qu'elles sont exemptées de ces exercices inhérents à la vie familiale et à la vie de couple. Une famille vivante et robuste aborde et solutionne ses problèmes lorsqu'ils se présentent. En général, plus les membres

VOUS POUVEZ HAÏR
VOTRE PROBLÈME,
CAR CECI VOUS AIDERA
À L'ATTAQUER.
VOUS POUVEZ AIMER
VOTRE PROBLÈME,
CAR SES SOLUTIONS
VOUS FERONT GRANDIR.

d'une même famille sont actifs et plus ils ont développé leur personnalité, leurs goûts et leurs aspirations, plus ils devront négocier et trouver des compromis pour le maintien d'un sain climat familial. Ce processus de négociation cause des frictions et crée parfois des problèmes. Les désirs de chacun des membres de la famille se frôlent et peuvent créer de la tension pour une période plus ou moins longue. Pour créer l'utopie d'une famille sans problème, il faudrait imaginer une famille où tous les membres seraient des copies conformes et où, pour donner un exemple imagé, toutes les personnes se satisferaient de passer tranquillement leurs longues journées devant le téléviseur à manger des cacahuètes. Ce genre de vie limiterait au maximum la possibilité de heurts en raison de la pauvreté du rythme de vie, des goûts personnels et de la faible chance d'incompatibilité des routines de chacun à condition, bien sûr, que ce type de vie plutôt morne donne satisfaction à tous les membres de la famille.

Vous voyez donc que ce qui crée les problèmes dans une famille, c'est la vie elle-même. Plus celle-ci se remplit, s'active et est menée par des gens ayant leurs propres convictions, ne pliant pas constamment l'échine devant le désir de l'autre, plus les difficultés seront alors susceptibles de poindre. Prendre en charge positivement les problèmes dans votre famille dès qu'ils se présentent devient la seule issue dans de telles circonstances. Mais pour attaquer ainsi vos problèmes, un élément s'avère primordial: vous devez d'abord croire en vos capacités à les solutionner vous-mêmes. Le découragement constitue une raison majeure de la chronicité de plusieurs problèmes familiaux et maritaux et de la persistance de difficultés avec les enfants. Les parents ou les conjoints se laissent aller à croire que le problème est insoluble. Ce point de vue suscite des affirmations désespérées comme celles-ci: «mon compagnon de vie ne changera jamais, inutile donc de lui faire des demandes claires ou de m'imposer», «on ne change plus à mon âge», «mon enfant ne m'aime pas», «mon compagnon (ou compagne) ne changera jamais puisque tout le monde dans sa famille est comme lui (ou elle)». Votre problème vous a vaincu s'il a réussi à vous faire croire qu'il est insoluble car alors, il vous fait lentement vous résigner. Certaines familles aux prises avec des problèmes chroniques m'ont souvent projeté l'image d'un champ de bataille brumeux et piqué d'innombrables drapeaux blancs.

Les problèmes sont des étapes

Une façon énergique de vous inciter à croire que vous pouvez et devez défier vos problèmes familiaux, au lieu de les fuir, consiste à envisager les problèmes comme des exercices, des occasions d'entraînement et des étapes à franchir. La façon d'approcher ou de formuler au départ un problème peut énormément influencer notre pouvoir de le résoudre. Dans les dernières années, des recherches sur les méthodes dites cognitives semblent le démontrer, particulièrement chez les personnes dépressives.

Mais alors, pourquoi les problèmes s'avèrent-ils des exercices? Simplement parce que la vie est un processus de changement et de développement. L'être humain se présente dans la nature sous trois formes: l'homme, la femme et l'enfant. Vous avez remarqué comme le très jeune enfant utilise toutes les ressources disponibles de son système nerveux en maturation pour accroître son développement? Il parvient ainsi à dominer la gravité, à acquérir la station debout, à marcher, à contrôler davantage son environnement et à communiquer. Les premières années de la vie de l'enfant le font s'attaquer, jour après jour, à de nouveaux obstacles ou exercices qui lui permettent de surmonter et de dépasser ses acquisitions de la veille. Comment croire que l'enfant plus âgé, l'adolescent ou l'adulte de quelque âge, en pleine possession de ses moyens, puisse passer outre au besoin de dépasser la performance précédente? On pourrait demander aux cyniques de notre temps à quel âge du développement humain se situerait la disparition de ce besoin.

La vie nous amène exercice sur exercice pour nous améliorer et n'ayons pas peur du mot, nous perfectionner. La famille et le couple sont des endroits privilégiés à cet effet car bien souvent, ce cadre de vie nous soumet aux exercices les plus difficiles. Au départ, c'est notre attitude face à un problème qui fait toute la différence. Le percevoir comme un exercice nous fournit un avantage considérable par rapport à celui qui veut le considérer comme un fléau. Une vision négative de l'environnement familial nous fait souvent le considérer comme un nœud inextricable de problèmes affectifs, une source principale de névroses et de troubles émotifs injectés à nos enfants et qui se perpétuent à l'âge adulte. Pour plusieurs, cependant, la famille est une source unique de support affectif et d'énergie, un tremplin incomparable pour sauter dans la vie. En raison du tissu serré du réseau affectif d'une famille, ses déboires peuvent être proportionnels à ses grandeurs.

Votre famille est un lieu privilégié d'exercices

La famille, impliquant un ou deux parents et leurs enfants, nous confronte à nos meilleurs exercices personnels pour plusieurs raisons. En premier lieu, c'est dans notre famille que nous nous retrouvons affectivement le plus dénudés: pas de façade, pas de jeux de société, le port du masque est quasi impossible. Les membres de notre famille nous connaissent bien. Depuis longtemps, ils ont perçu nos défauts, nos qualités, nos aspirations intimes. Au travail, en affaires, au bureau ou en société, on peut souvent, avec quelques stratagèmes, régler les problèmes sans trop s'impliquer personnellement. Dans votre famille, vous solutionnerez bien peu de problèmes sans y investir de vous-mêmes, en d'autres termes, sans vous changer. Votre compagnon (ou compagne) de vie et vos enfants vous connaissent mieux que quiconque; les demi-mesures et la tiédeur se repèrent aisément.

En second lieu, il vous est beaucoup plus difficile de déléguer des tâches pour régler un problème affectif dans votre famille que pour régler un problème au travail ou en société. Il est impensable, en effet, de payer quelqu'un pour agir à votre place dans votre famille, de passer le problème à un subalterne, à un comité ou un syndicat; impensable également d'engager à l'année une firme d'experts ou un sous-contractant moyennant des honoraires. Les problèmes familiaux vous interpellent profondément et vous visent directement. Voilà pourquoi les problèmes balayés sous le tapis portent tant de dommages aux relations intra-familiales.

Finalement, vous ne pouvez esquiver très long-temps les demandes affectives des membres de votre famille. Ces derniers vous connaissent, ils tiennent à vous malgré vos défauts et s'attendent à votre engagement émotif au sein du milieu familial. Chacun ne vous considère pas uniquement par rapport à lui-même mais aussi en fonction de tous les membres de la famille puisqu'en général, les besoins et les désirs des autres leur tiennent à cœur. Quelle que soit l'importance de votre position sociale, vous ne jouerez jamais un rôle aussi personnalisé et intime que celui que vous allouent les personnes de votre famille. En tant que père et mère, il est improbable que vous réussissiez sincèrement à vous convaincre qu'il n'est pas de votre responsabilité de tenir une fonction d'autorité dans la famille, ou de support émotionnel envers votre compagnon ou compagne de

vie. Au travail, on peut toujours, sans trop perturber l'environnement, adopter des faux-fuyants qui nous évitent d'être confrontés à nos défauts ou à des tâches auxquelles on se croit incapable de faire face. Votre famille, par contre, comme aucun autre groupe humain, vous met rapidement en présence de vos faiblesses, des aspects de votre personnalité qu'il vous faut modifier, des qualités que vous êtes en devoir d'acquérir.

Sous cette pression relationnelle importante, un choix impitoyable s'impose à vous: ou bien maugréer et maudire ces personnes que vous voulez croire inaptes à vous comprendre ou alors, considérer les problèmes familiaux comme des étapes nécessaires à votre développement et les attaquer positivement en estimant que vous pouvez les résoudre. Inutile de chercher une attitude mitoyenne puisque toute tiédeur de votre part sera vite reconnue par votre famille qui vous amènera inévitablement, avec le temps, vers l'une ou l'autre de ces deux positions. En raison de la structure foncièrement émotionnelle de la famille, la tiédeur se montre incompatible avec une vie familiale heureuse et satisfaisante.

Ne vous laissez pas berner par les apparences. Les familles heureuses que vous connaissez ne vivent aucunement sans difficultés. Elles font plutôt partie de la catégorie qui solutionne les problèmes à mesure qu'ils apparaissent. Dans ce sens, dites-vous que ce n'est pas tant une solution immédiate et complète qui satisfera les membres de votre famille, mais plutôt leur constatation de vos efforts sincères pour vous changer progressivement en vue de résoudre les problèmes. Ceux-ci constituent un élément nécessaire à votre transformation. Les problèmes que nous solutionnons nous renforcent, ils nous changent. Une vie saine comporte des buts et les problèmes sont les marches de l'escalier qui nous y conduit. Sans cela, c'est la stagnation. Les parents ne peuvent diriger

QUI VIT, CHANGE.
QUI CHANGE, VIT.

directement le nourrisson et le très jeune enfant dans son développement cognitif ou neuro-moteur; ils font seulement en sorte de lui fournir un environnement propice. Le nourrisson en plein développement se conduit, naturellement, comme si la vie tenait à ce que ce petit humain dépasse à chaque jour les accomplissements de la veille. Qui pourrait nier le fait que les obstacles, loin de constituer des problèmes, sont plutôt des chances d'exercer et de pratiquer ses nouvelles habilités? Parallèlement, aucune donnée scientifique ne peut actuellement infirmer que la croissance émotionnelle ne se continue jusqu'à la fin de la vie. Au contraire, comme nous en avons discuté précédemment, les recherches longitudinales sur le développement humain ont mis davantage en évidence des processus de changement chez l'enfant et le jeune adulte que des processus de stabilité ou d'immuabilité. Bien peu de données empiriques ne soutiennent l'hypothèse d'une structure fixe et déterminée de la personnalité chez l'adulte, qui serait acquise en bas âge et se perpétuerait jusqu'à la fin de la vie.

Considérer vos problèmes familiaux comme des étapes et des exercices générera en vous une énergie insoupçonnée pour les affronter et y trouver solution. Votre compagnon de vie et vos enfants deviendront pour vous des agents de changement plutôt qu'un poids à transporter. Ne vous immobilisez pas en vous demandant «pourquoi» le sort vous accable mais entrevoyez déjà «comment» le problème peut vous transformer et vous améliorer.

Certes il est bien difficile de ne pas détester certains problèmes lorsqu'ils nous touchent, mais nous pouvons aimer jusqu'à un certain point les solutions qu'ils nous feront découvrir. Vous ne serez jamais plus le même après avoir traversé efficacement l'étape de votre problème. Plutôt que de vouloir absolument esquiver ce que vous perceviez comme une situation frustrante, vous aborderez avec énergie et

LA SOLUTION
À VOTRE PROBLÈME FAMILIAL:
VOUS CHANGER.

confiance une nouvelle étape. Vous penserez ensuite qu'il est souhaitable que vos enfants apprennent eux aussi à assumer leurs propres exercices dans le cheminement vers leurs buts. Vous cesserez alors vos efforts pour leur éviter à tout prix les problèmes. Vous ne ferez que les aider à traverser des étapes.

* * *

NE DÉTOURNEZ PAS TOUJOURS
VOS ENFANTS DE LEURS PROBLÈMES.
FAITES JUSTE LES SUPPORTER
DANS CES EXERCICES DONT
ILS ONT BESOIN.

Chapitre 7

AVANT DE CHOISIR UN CONSULTANT, N'HÉSITEZ PAS À HÉSITER

**Le bon sens ne triomphe que
lorsque toutes les autres
possibilités sont épuisées**

— Auteur inconnu —

Un premier réflexe: confiance en vous-même

Si vous vivez des difficultés dans votre famille ou avec votre enfant, vous n'êtes pas très différent des autres. Deux choses vous distinguent cependant: vous admettez avoir un problème et vous voulez y faire face parce que ce problème est nécessaire à votre évolution et à celle de votre famille. Malheureusement, devant une difficulté, beaucoup de parents ont perdu l'habitude ou le premier réflexe de se fier à eux-mêmes. Dans une telle situation, leur geste premier consiste à demander l'opinion d'un tiers qui en connaîtrait supposément davantage qu'eux au sujet de leur enfant. Certains parents, par exemple, vont promptement s'enquérir de la meilleure façon d'intervenir avec leur enfant, auprès d'une personne parmi leurs proches, ayant de près ou de loin étudié dans le domaine. D'autres se dirigeront rapidement vers le bureau de leur médecin ou d'un autre consultant ou chercheront conseils auprès du professeur ou encore d'un expert du comportement rattaché à l'école. Certains autres enfin se procureront un livre sur l'éducation de l'enfant et le «parentage». Il est d'ailleurs étonnant de constater que le marché du livre traitant des relations entre parents et enfants va en s'accroissant alors que péréclite le nombre d'enfants par famille. Ce réflexe trop souvent automatique des parents de notre époque de prendre prématurément conseil auprès de personnes qui en sauraient davantage qu'eux, dénote un symptôme de leur manque de confiance en eux-mêmes.

Ce phénomène moderne d'auto-dépréciation parentale semble lié à plusieurs changements sociaux extérieurs et intérieurs à la famille qui placent maintenant les parents dans une situation fort différente et plus insécurisante que celle des générations précédentes. Dans le passé, prévalaient d'abord des impératifs moraux, sociaux et économiques qui exigeaient un grand nombre d'enfants dans la famille. De plus, la philosophie du temps supportait la croyance des parents voulant qu'ils soient les délégués officiels de «Dieu et de l'Autorité» dans leur famille et auprès des enfants. Il faut reconnaître que ce contexte socio-culturel s'est énormément modifié aujourd'hui dans nos sociétés. Il faut aussi considérer qu'antérieurement, les parents étaient davantage submergés par les tâches du quotidien, avec des semaines de travail de six jours et un nombre d'enfants se situant au double ou au triple du niveau actuel. Les facilités domestiques modernes n'étaient pas encore à leur service en raison du niveau de vie généralement inférieur à celui d'aujourd'hui. Toutes ces raisons conjoncturelles laissaient donc moins de temps et d'occasions aux parents d'alors pour se poser toutes ces questions sur leurs attitudes face aux enfants. Les parents de maintenant en ont davantage la possibilité.

L'importance, enfin, que prend chacun des enfants aux yeux des parents ne peut qu'être accentuée par le petit nombre d'enfants, un ou deux par famille. Inévitablement, chacun de ces rares enfants devient plus précieux. Avant, les parents subissaient la pression de la responsabilité de nombreux enfants mais en retour, la réussite de quelques uns pouvait les gratifier et compenser émotionnellement pour les problèmes ou les désastres engendrés par l'un d'entre eux. Le succès académique de quelques-uns, face aux échecs d'un autre, les confirmait dans leur capacité en tant que parents. Aujourd'hui le parent d'un ou deux enfants a beaucoup plus de chance de se trouver «insécurisé». Qu'y-a-t-il en effet de plus inquiétant pour un parent que de voir toute ou la moitié de sa progéniture en situation de trouble émotif ou d'échec scolaire?

Un facteur social additionnel se trouve à l'origine de la course parentale vers les opinions d'experts: il s'agit des attitudes des experts du comportement eux-mêmes. En survolant les vingt dernières années, vous constaterez qu'il existe peu de domaines scientifiques à part lesdites sciences du comportement et de l'éducation de l'enfant, où autant de belles théories et d'hypothèses ont littéralement inondé le public et cela, sans efforts parallèles pour les vérifier empiriquement. Ainsi, par le biais d'émissions de télévision, de lignes ouvertes, de livres et de revues, retentissent les conseils prodigués par les personnes «expertes» travaillant auprès des enfants: professeurs, psychologues, éducateurs, médecins, sexologues, récréologues, etc... Chacun ne peut s'empêcher de croire qu'il possède «le petit quelque chose» de supérieur pour lire la pensée et juger, pour ne pas dire «préjuger», du «vrai problème». La quintessence des écritures qui vagabondent conceptuellement sur des hypothèses les plus osées et le galvaudage des sciences du comportement ont permis l'inflation indue de ce «petit quelque chose» hypothétiquement supé-

rieur des intervenants. En contrepartie malheureusement, les parents de notre société perdaient beaucoup
de leur «petit quelque chose» bien à eux, si essentiel:
ce sens commun et pratique qui leur permettait auparavant de croire en leur pouvoir propre de saisir et
juger du «vrai problème» avec leur enfant, puis d'imaginer des solutions et de les mettre en pratique.

Une simple question des parents face aux croisades des experts

Les parents ont cru les experts du comportement
à la télévision, à la radio et dans les livres pour une
simple raison: ils ont pensé, bien naturellement, que
les belles théories de ces experts de l'éducation devaient s'appuyer sur des recherches contrôlées,
comme cela se fait le plus souvent dans les autres
domaines scientifiques où les experts se prononcent
publiquement avec certitude et ostentation. Les parents n'ont pas encore pris l'habitude de demander
systématiquement cette modeste question aux théori-
ciens du comportement et de l'éducation des enfants,
aux «escrimeurs» de grandes théories vaporeuses:
«Existe-t-il des études méthodiques qui confirment
vos affirmations et les bases de vos conseils?» Ces
croisades menées par les «experts» de toutes sortes
ont contribué ainsi à miner la confiance des parents
en eux-mêmes. Cette propagande cessera lorsque les
parents prendront la courageuse habitude de poser
cette question avant de laisser entrer dans leur environnement familial la théorie proposée.

Quatre étapes avant de consulter un expert

Avant de songer à voir un consultant lorsque
survient un problème familial ou avec un enfant, vous
devriez d'abord franchir un certain nombre d'étapes

qui favoriseront la réussite de l'éventuelle consultation. Mais pour s'engager dans ces étapes ou conditions préalables, tout parent doit d'abord croire qu'il dispose de ressources personnelles et que lui-même détient peut-être la solution ou une partie de solution à son problème. Deux bonnes attitudes vous aideront à croire en vous-même pour résoudre un problème dans votre famille ou avec votre enfant. D'une part, réaliser que vous êtes la personne qui connaît le mieux votre enfant et les membres de votre famille et que cela est un atout pour vous et, d'autre part, envisager que ce problème n'arrive possiblement pas au hasard et qu'en cela, il constitue une étape importante dans votre propre vie. Puisqu'il s'agit de votre vie psychique, de votre famille et de vos enfants, toutes les précautions sont nécessaires avant de les laisser à l'influence d'un intervenant extérieur.

Devant un problème cardiaque ou coronarien nécessitant une intervention chirurgicale sur un organe vital comme le cœur par exemple, on tient à rencontrer le meilleur chirurgien cardiothoracique. Il semble que l'on réalise moins l'importance des interventions psychiques sur le cours ultérieur de notre santé émotionnelle et même physique. Dans ce sens, on est porté à sous-estimer la gravité possible des conséquences d'une mauvaise intervention psychologique sur la vie de famille à tous les niveaux. Revenons encore à l'exemple de la discorde sévère entre parents: il existe encore très peu de critères tirés de recherches contrôlées sur lesquels baser un conseil ou une décision de se séparer, de divorcer ou de rester ensemble pour le mieux-être des enfants. Comme nous l'avons déjà mentionné, les recherches viennent juste de débuter sur l'influence à long terme d'un divorce ou d'une séparation sur les enfants. Il existe donc très peu d'études se rapportant à l'influence sur les enfants de parents en discorde sévère qui continueront à vivre ensemble comparativement à ceux qui se sépareront. Une décision de divorcer est personnelle. En l'absence de critères scientifiques pour l'éclairer, elle revient certainement davantage aux parents eux-mêmes. À moins de vous connaître depuis très longtemps, une tierce personne, si experte soit-elle, viendrait y apposer son jugement ou son opinion inévitablement arbitraire, du moins en partie. Ceci ne signifie aucunement, cependant, qu'un consultant ne puisse aider les parents à prendre leur décision en leur faisant voir les possibles avantages et désavantages associés au divorce ou à la séparation.

On est porté à entretenir encore le mythe qu'une intervention psychologique inadéquate engendre des conséquences nécessairement moindres sur l'enfant et la famille qu'une intervention inadéquate dans des domaines scientifiques «durs» comme la médecine somatique et la chirurgie. En réalité, nous n'en savons rien. On ne peut certes, pour l'instant, rejeter la possibilité qu'un conseil inapproprié, donné par la mauvaise personne au mauvais moment, ait un effet désastreux à moyen et long terme sur une famille ou sur un enfant, tout autant qu'une mauvaise prothèse valvulaire cardiaque ou qu'une mauvaise dose hormonale pèse sur le pronostic d'un patient.

Le problème d'un manque de critères objectifs, vérifiés empiriquement, pour soutenir la décision de certaines orientations cliniques, scolaires ou sociales pour un enfant est alarmant. Pensons en particulier aux conséquences que représentent, pour l'avenir d'un enfant ayant des troubles de conduite graves ou des retards dans son apprentissage social ou académique, le choix de l'orienter dans une classe d'enfants à problèmes, celui d'un placement en institution ou en foyer d'accueil ou même celui d'un traitement familial, individuel, rééducationnel ou pharmacologique. Nous avons encore moins de connaissances sur les conséquences possibles de ces choix sur les enfants de cet enfant et ainsi de suite. À l'étonnement probable de plusieurs, il faut avouer que débute seulement la recherche contrôlée sur l'efficacité de toutes les formes de thérapie de l'enfant. La plupart des centres de recherches internationaux et des académies de psychiatrie et psychologie infantiles tentent de stimuler les études méthodiques sur l'efficacité des traitements aux enfants et des programmes d'interventions qui leur sont déjà appliqués à forts coûts économiques.

1. *Confiance! c'est vous qui connaissez le mieux votre enfant*. La première étape pré-consultation consiste pour vous à vaincre un préjugé qui vous est défavorable. Les parents sont en effet portés à croire qu'après seulement une heure d'entrevue, l'expert ou le consultant qu'ils verront pour leur famille ou leur enfant en connaîtra davantage qu'eux-mêmes sur ce qui se passe dans leur psychisme, ou dans celui de leur rejeton. Ils attribuent à l'expertise du consultant une qualité qui ne lui appartient pas. Il est vrai cependant qu'une grande partie des experts alimentent cette perception des parents, probablement parce que ceux-là croient en savoir davantage sur leurs clients que ces derniers n'en sauront jamais sur eux-mêmes. Dans l'état actuel des connaissances vérifiées sur la thérapie et sur le psychisme humain, on peut certainement affirmer que cette croyance est loin d'être fondée. Les experts n'en savent pas plus que vous sur votre enfant ou sur votre famille, c'est vous qui connaissez le mieux vos proches, sous tous les angles et depuis longtemps. Vous possédez l'avantage de les observer sous leur vrai jour, dans toutes sortes de circonstances intimes de la vie quotidienne, ce que l'expert n'aura jamais l'occasion de connaître.

Si vous décidez de consulter un expert, dites-vous qu'il n'est pas avantagé par le fait de connaître votre enfant mieux que vous-même le connaissez. Son avantage réside plutôt dans l'image possiblement différente qu'il s'en fera, tout simplement parce qu'il regarde la situation d'un point d'observation différent du vôtre. Le fait d'être de l'extérieur, voilà son principal atout. Cela lui permet de suggérer de nouveaux moyens pour vous aider à continuer le travail différemment, pour vous encourager à faire face à votre problème, à le régler ou à y pallier positivement. Bien sûr, la plupart des consultants ont acquis des connaissances théoriques que les parents ne possèdent pas. Mais, comme nous l'avons déjà vu, la plupart des théories du comportement, même celles d'utilisation courante, recèlent des plages d'ombre et présentent une vue nécessairement partielle de l'immense complexité de la personnalité humaine. Également, nous avons déjà mentionné que la plupart de ces modèles du comportement sont restés au stade théorique ou philosophique, le gros de leurs hypothèses n'étant encore vérifié. En somme, le principal avantage du consultant ne réside pas dans ses grandes théories mais plutôt dans le fait qu'avec un peu d'expérience, il peut voir votre problème de l'extérieur. Mais c'est vous qui connaissez le mieux votre enfant et votre famille.

2. *Formulez clairement votre problème.* Avant de songer à voir un consultant, essayez par vous-même, avec le plus de clarté possible, d'identifier et de formuler le problème concernant votre enfant ou votre famille. Si vous émettez l'hypothèse de votre propre capacité à résoudre votre problème, vous augmentez déjà vos chances d'imaginer des solutions. Voilà la deuxième étape pré-consultation. Les solutions à un problème surgissent très souvent d'une formulation sur le mode du «comment», nous en avons discuté précédemment. Faites ainsi tous les efforts pour identifier votre problème en

quelques phrases, un peu comme nous l'avons fait dans le cas de Guillaume.

3. *Tentez de discuter de cette formulation avec votre compagnon de vie.* Après avoir identifié le problème, essayez de discuter de votre formulation avec l'autre parent de vos enfants, s'il en est un. En termes pratiques, cela veut dire de chercher à vous entendre tous les deux sur cette formulation. Il sera très difficile, voire impossible, de mettre en branle des solutions efficaces si les deux parents ne s'accordent pas sur la présence d'un problème et sur sa formulation. Revenons à l'exemple de Guillaume. On peut, d'une part, considérer que si le père n'avait pas vu de problème dans la famille, ou avec Guillaume, la mère se serait vite trouvée dans l'impasse. D'autre part, si la mère avait continué à formuler le problème comme prenant origine de son manque «d'instinct maternel» et si, par contre, le père l'avait plutôt relié au stress financier, on peut imaginer les complications rencontrées par les parents pour arriver à travailler ensemble à l'application d'une ou plusieurs solutions visant à provoquer un changement. Également, il arrive dans certaines familles que ce soit toujours la même personne qui s'aperçoive des problèmes et les identifie, soit parce que cette personne a la tâche ou la responsabilité principale d'un aspect du fonctionnement familial, soit tout simplement par habitude. Porter attention à ce dernier phénomène et en discuter avec l'autre parent peut énormément aider à imaginer d'autres solutions à un problème.

Le seul fait d'identifier clairement un accord ou un désaccord avec votre conjoint sur la présence d'un problème dans la famille ou avec un enfant, constitue un pas important en avant. Dans plusieurs familles, on tend à penser qu'il peut être dangereux ou inutile pour l'équilibre familial d'établir franchement avec l'autre parent l'état d'un désaccord sur la formulation d'un problème. On craint à tort de se trouver face à un constat d'échec. Bien au contraire, le fait d'identifier avec l'autre, clairement et positivement, une situation de désaccord peut devenir une action importante dans la bonne direction et vers la solution d'un problème. Ce genre de désaccord, ferme et clairement énoncé, fait souvent son chemin et s'avère parfois une source génératrice de solutions dans les jours ou les semaines suivantes. Et si jamais aucune solution n'en découlait, ce geste vous permettra au moins d'accéder à un stade ultérieur. En effet, être tout à fait conscient d'achopper à cette phase particulière de l'identification d'un problème familial vous aidera à concevoir plus clairement la nature du problème et les raisons vous motivant à voir un consultant. Déjà, vous serez mieux préparés. Vous ferez partie des parents qui reconnaissent vivre un problème et qui rencontrent un désaccord sur sa formulation, ce qui s'inscrit dans les choses fréquentes de la vie familiale. Vous compterez parmi les parents qui ne peuvent dénouer l'impasse et qui veulent un consultant précisément pour obtenir une opinion en vue de créer l'accord essentiel à l'élaboration de solutions.

4. *Établissez une échéance pour mettre à l'épreuve vos solutions*. Une fois la formulation du problème faite et acceptée mutuellement, l'étape suivante consiste à tenter de vous entendre sur le choix possible des solutions et sur l'ordre dans lequel elles seront appliquées. Au départ, établissez une échéance précise à la fin de laquelle vous jugerez si votre solution a porté fruit ou non. Cette échéance peut vous aider à contrôler les différentes étapes menant à la résolution de votre problème et à déterminer éventuellement le moment où vous devriez voir un consultant. En éta-

blissant l'échéance, vous essaierez autant que possible de définir les changements positifs qui devraient se produire pendant ou à la fin du délai fixé. Ceci tiendra lieu, en quelque sorte, de jauge ou de grille pour mesurer les effets de votre solution. Cette date limite que vous fixerez pour un trouble d'ordre émotif chez un enfant ou dans une famille, ne devrait pas dépasser six ou huit semaines pour chaque solution que vous tenterez d'appliquer. Ce délai, dans plusieurs situations courantes, suffit pour vous faire observer un changement positif, ne serait-il que partiel. Après l'échéance, vous aurez le choix actif d'essayer une autre solution par vous-même ou bien de vous orienter vers un bureau de consultation.

J'insiste sur le mot «actif». Vous n'êtes plus de ceux qui laissent dormir les problèmes sous la couverture et pas davantage un parent qui, passivement, dépose le problème de sa vie intime devant un consultant dont il risque d'attendre trop et escompte retirer beaucoup plus que ce qu'en réalité il ne peut vous donner. Vous devenez plutôt quelqu'un qui a voulu traverser des étapes de solutions pour un problème affectif: vous avez essayé de l'identifier clairement, de vous accorder entre parents sur sa formulation, d'imaginer des solutions et de vous entendre sur leur mise en marche et cela, en fixant même une échéance de quelques semaines ou quelques mois pour mieux en évaluer les résultats. Vous possédez déjà une idée plus claire de l'étape où vous semblez buter et ceci vous amènera certainement à aborder votre consultant d'une façon différente. Il se peut même que selon l'étape où vous croyez être immobilisés, vous choisissiez un type différent de consultant ou de conseiller. Au lieu d'attendre passivement l'opinion de l'expert, vous désirerez de nouvelles réponses à vos questions. Vous serez davantage en mesure de juger de la différence entre votre ancienne formulation et la façon du consultant de reformuler votre problème.

En partant, vous connaîtrez mieux la nature de votre besoin envers le consultant. Est-ce seulement pour vous aider à reformuler le problème? Est-ce pour rétablir un accord avec l'autre parent sur la formulation ou sur les solutions? Vous pourrez aussi évaluer plus facilement si vous avez besoin immédiatement d'un consultant pour surveiller l'évolution et la mise en marche des solutions ou si vous préférez plutôt y aller par vous-mêmes, en revoyant le consultant seulement si une difficulté survenait en cours d'application de la solution.

Le choix d'un consultant est un processus actif

Votre choix d'un consultant et le déroulement de la première rencontre s'inscrivent dans un processus actif où vous devez sentir que vous exercez un contrôle. Votre démarche vers un thérapeute ou un consultant ne signe pas un constat d'échec comme plusieurs tendent à le penser, ou encore une marque de dépendance. Au contraire, il s'agit d'un geste d'autonomie, pour la bonne raison que vous êtes des parents en contrôle de leur vie et qui demandez seulement à être éclairés sur une situation. La démarche de consultation ne correspond pas à un abandon passif de vous-mêmes, de vos proches, ou de votre vie psychique intime, à une personne étrangère. Elle devient une décision active et responsable qui s'inscrit dans les étapes normales de la résolution d'un problème affectif dans votre famille ou avec votre enfant.

Cependant, plusieurs parents dans une impasse cherchent d'abord conseils auprès d'une ou de plusieurs personnes de leurs connaissances qui, elle

VOTRE CONSULTANT N'EN CONNAÎTRA
JAMAIS PLUS QUE VOUS SUR VOTRE
ENFANT OU VOTRE FAMILLE,
SON AVANTAGE EST QU'IL
VOIT LE PROBLÈME DIFFÉREMMENT.

aussi, aura l'avantage de voir de l'extérieur; les mêmes principes qui viennent d'être mentionnés devraient alors prévaloir. De préférence, consultez une personne de votre entourage seulement après avoir tenté les quatre étapes préalables. Je mets l'accent sur «une» personne, ou à la rigueur deux, rarement plus. Le conseil le moins pertinent est bien celui de «tout le monde». En effet, certains parents prennent l'habitude de s'enquérir d'opinions et de conseils auprès de très nombreuses personnes en essayant par la suite d'en faire une synthèse, ce qui est la plupart du temps impossible. Comme il existe plusieurs bonnes formulations de votre problème, il existe donc, nous l'avons vu, plusieurs chemins menant à la bonne solution. Aussi demeure-t-il souvent préférable de consulter une personne en qui vous portez votre confiance et qui surtout vous accorde réciproquement la sienne. Concrètement, la personne que vous choisirez devrait véhiculer une pensée de nature plutôt positive, croire en vos qualités de parents, ne présenter aucune tendance à vous déprécier, en somme, quelqu'un ayant une propension à percevoir vos qualités autant que vos défauts. Par dessus tout, cette personne ne devrait pas être elle-même submergée de problèmes. Choisissez plutôt celui ou celle qui, comme la majorité des gens, a vécu des difficultés dans sa famille, dans son couple ou avec ses enfants et qui a réussi à les solutionner, ou à les gérer de façon efficace en y palliant positivement. Il s'avère plus souvent nuisible, voire fatal, de consulter une personne qui se trouve plus démunie que soi dans sa capacité à solutionner les problèmes affectifs ou familiaux. Pourtant, certains parents ont tendance à consulter d'autres gens qui sont engouffrés dans de très nombreux problèmes. Peut-être craignaient-ils de demander conseil à quelqu'un de leur entourage qui paraît satisfait de sa vie, efficace, trouvant les solutions au fur et à mesure aux problèmes; ils redoutent possiblement que cette personne soit hautaine à leur égard, qu'elle les juge ou adopte une attitude condescendante. Mais au contraire, ce sont souvent les personnes submergées de problèmes et ayant peu confiance en elles qui, dépressives, ont tendance à juger les autres. Il est préférable, la plupart du temps, de consulter un proche qui selon vous fait face à la vie et à ses difficultés en leur trouvant des solutions au rythme de leur venue.

Mais revenons au choix lui-même d'un consultant. Il s'avère un processus actif parce que vous avez déjà traversé plusieurs étapes qui vous permettent de savoir davantage ce que vous voulez et attendez de l'expert. Passons en revue quelques suggestions qui vous aideront à rester responsables et en meilleur contrôle de votre situation lorsque vous décidez de vous orienter vers un consultant.

Soyez pratique dans le choix d'un consultant

Afin d'obtenir des références au sujet de possibles consultants pour le type de problème les concernant, plusieurs parents vont s'informer en premier lieu auprès de personnes de confiance, des proches ou leur médecin de famille par exemple. Si tel est votre cas, il importe de conserver votre jugement critique en vous enquérant des raisons pratiques qui motivent ces personnes à vous suggérer tel consultant. Basez votre opinion non seulement sur la crédibilité ou la réputation générale de la personne à laquelle on vous réfère, mais surtout sur les raisons justifiant cet éventuel consultant. Ce n'est pas tant la renommée de gentillesse ou de compréhension de ce dernier qui compte mais plutôt sa réputation d'efficacité à provoquer des changements positifs chez les gens qui le consultent. Vous est-il possible de connaître plusieurs familles ayant rencontré cet expert au lieu d'une seule? Si oui, profitez-en. D'une part, il est difficile d'appuyer votre jugement sur l'évolution d'un seul cas et d'autre part, il faut considérer l'impossibilité, même pour un bon consultant, d'être efficace avec tous les enfants et toutes les familles qu'il rencontre.

Cependant, si toutes les deux ou trois familles avec qui vous pouvez entrer en contact ressentent de l'insatisfaction face au consultant, vous devriez prendre une attitude circonspecte. En vous informant auprès de ces familles, posez des questions claires pour éviter de recueillir des impressions floues qui vous apprendraient seulement si les gens ont aimé ou pas le consultant; l'essentiel est de savoir s'ils l'ont trouvé efficace pour régler leur problème. Dans le domaine de la thérapie infantile et familiale comme dans bien d'autres, on reconnaît l'arbre à ses fruits. On évalue donc le thérapeute aux changements positifs qu'il peut provoquer chez beaucoup de personnes l'ayant consulté. Repensez à ceci: comprendre le problème ne suffit pas; l'apparition d'un changement positif d'attitude ou de comportement est l'objectif visé. L'efficacité d'un consultant, du point de vue d'un parent, touche trois points opérationnels: le consultant a-t-il démontré sa capacité (a) à donner du support aux parents et à l'enfant, (b) à aider pour l'identification et la reformulation du problème, (c) à favoriser l'émergence des solutions? Selon votre niveau de préparation personnelle avant consultation, fiez-vous à votre jugement pour déterminer vos attentes envers le consultant face à l'une ou à toutes ces attitudes.

Mais au-delà des informations et des références préalables, c'est surtout vous-même en rencontrant l'expert qui construirez votre opinion. Dans ce sens, cinq aspects précis décrits plus loin faciliteront votre appréciation. Les parents sont trop souvent enclins à penser qu'ils ne disposent pas des habiletés nécessaires pour évaluer l'expert qu'ils consultent pour leur famille, leur couple ou leur enfant. Puisque le moment venu, par sa volonté d'aller vers un consultant, un parent pose un geste autonome et responsable, il ne devrait de ce fait être question de s'en remettre totalement à l'opinion d'un autre concernant un problème affectif ou comportemental. N'oubliez jamais que la responsabilité de vous-même, de votre famille et de votre enfant revient à vous uniquement. Vous savez très bien qu'en fin de parcours, la société ou vos enfants demanderont des comptes à vous, parents, et non pas aux éventuels consultants ou experts auxquels vous vous serez adressés.

Cinq critères pour évaluer votre consultant

Votre attitude est déterminante au moment de la consultation. Il faut vous imprégner de l'idée que vous aussi êtes en mesure et en droit d'évaluer le consultant lors des premières rencontres. Plusieurs parents ont en effet l'impression que seul le consultant évaluera l'enfant et les parents. Les premières rencontres de consultation s'inscrivent dans un processus dynamique où vous n'incarnez pas seulement le sujet d'observation mais où vous-même observez le consultant dans ses attitudes, dans sa reformulation de votre problème et dans la nature de ses suggestions. Les deux premières rencontres (au maximum trois) devraient vous permettre de fonder votre opinion sur le consultant. Les raisons en sont simples: d'une part, vous ne pouvez attendre de longs mois avant d'avoir confiance et d'attaquer une situation qui vous inquiète et qui trouble le développement de votre enfant et d'autre part, il est difficile, voire impossible, de provoquer un changement positif face à un problème affectif sans une confiance éclairée en votre consultant.

Les cinq critères suivants sont pratiques, accessibles et ils vous aideront à forger votre opinion rapidement sur l'expert que vous consulterez. Mais pour les apprécier, une qualité apparaît encore essentielle: vous devez vous faire suffisamment confiance pour vous imposer positivement et questionner avec assurance votre consultant, comme vous avez d'ailleurs l'habitude de le faire avec des «experts» dans d'autres situations de votre vie. J'ai toujours été étonné du nombre de parents qui ne me questionnent pas, moi et mes hypothèses, pendant la démarche de consultation. Lorsque je leur demande, à la fin de la rencontre, la raison pour laquelle ils ne se sont pas imposés, plusieurs me font part de leur gêne ou de leur embarras à le faire. Vous devez prendre votre place, fermement et positivement, car il s'agit là de votre vie psychique, de l'essence de votre personne, de votre individualité, de celle de votre famille et de vos enfants.

1. Premièrement, faites-vous une opinion sur la formation et l'expérience du consultant. Comme parents, sentez-vous en droit de vous informer directement de la formation de votre consultant. Il s'agit d'une question légitime et bien naturelle. Dans nos sociétés, une profusion de consultants ont maintenant pignon sur rue et comme ils sont très différents sous plusieurs aspects, il importe de connaître leur spécificité. Ils se distinguent entre autres par leur type de formation: psychiatrie, psychologie, orthopédagogie, sexologie, psycho-éducation et bien d'autres. La formation diffère grandement selon ces catégories. Ainsi, le nombre d'années de formation peut varier entre trois et huit années. Ils se différencient également selon le nombre de cas cliniques vus et supervisés durant leur période d'apprentissage. Pour vous donner une idée, certains types de consultants ayant droit de pratique ne verront pendant cette période que trois à dix cas sous supervision d'un professeur. Souvent, le professeur lui-même a suivi le même programme de formation et possède davan-

tage une expérience académique que clinique. La gravité et la nature des cas rencontrés durant la période de formation varient considérablement d'un type de consultant à l'autre. Certains ne verront que quelques cas légers plutôt que des situations graves alors que d'autres auront été en contact avec des centaines de cas très différents selon leur gravité. Cependant la durée et les caractéristiques de la formation ne sont pas, à elles seules, directement proportionnelles à la qualité du consultant et ce critère est à considérer dans un tableau d'ensemble regroupant les autres aspects. Par contre, il semble logique de croire qu'une pratique plus large, où la formation a permis de voir un très grand nombre de cas, familiarise davantage le consultant aux problèmes de la vie réelle et du «vrai monde». Conséquemment, cela peut le rendre plus apte à comprendre les parents qui viennent le consulter.

2. Deuxièmement, lors de l'évaluation, votre consultant ne devrait pas sauter immédiatement sur une cause affective à votre problème sans avoir considéré d'autres possibilités. En fait, il devrait vous informer qu'il a considéré l'hypothèse d'une origine physique, causative ou simplement fortuite (qu'elle fut d'origine cérébrale, hormonale ou autre) et qu'il a tenté de l'éliminer. Les problèmes de développement ou de comportement de votre enfant peuvent effectivement entrer dans trois larges catégories:

A) Ceux qui surgissent d'une cause dite «organique», c'est-à-dire provenant d'une cause physique ou physiologique touchant directement le système nerveux ou affectant d'autres parties du corps, en ayant par la suite un effet sur le système nerveux ou le comportement. Il est important de ne pas oublier cette première catégorie parce que la recherche d'une cause biologique oriente parfois vers un traitement spécifique. De plus, il est injustifiable pour les parents de se voir pointer comme la seule origine du problème alors que la cause, ou l'une des causes, proviendrait d'un trouble biologique.

B) Ceux qui surgissent principalement d'une cause émotionnelle ou affective. Une partie des problèmes des enfants compose aussi cette catégorie. Il s'agit de problèmes de comportement qui peuvent par exemple naître d'une attitude des parents, de l'influence de l'école ou des amis, d'un stress émotif grave subi par l'enfant ou les parents, etc... Conservez une saine distance critique avec le consultant qui saisit trop vite cette deuxième catégorie sans avoir préalablement considéré la possibilité de la première.

C) Ceux enfin qui ont une origine combinée. Cette catégorie comprend les problèmes qui proviennent à la fois d'une cause physique (ou biologique) et d'une cause émotionnelle. Il peut s'agir d'une association tout à fait fortuite mais parfois, il peut exister un lien entre les causes biologiques et les causes émotionnelles, comme dans les cas où la réaction émotionnelle succède à l'apparition du problème biologique chez l'enfant. En exemple, prenons un enfant souffrant d'un retard académique dû à un trouble d'apprentissage d'origine neurophysiologique et qui en même temps présenterait des troubles de comportement en réaction à des échecs scolaires répétitifs.

Ayez en tête l'existence de ces trois catégories de problèmes et discutez-en avec votre consultant après son évaluation. Si sa formation ne lui permettait pas d'éliminer les causes biologiques des troubles de développement ou de comportement de l'enfant, votre consultant devrait normalement s'assurer que les examens nécessaires soient effectués en demandant lui-même l'avis d'un autre consultant habilité à le faire.

3. Un troisième critère primordial sur lequel baser votre opinion sur le consultant consiste en ce qui suit: après une, deux ou trois rencontres au maximum, le consultant devrait vous fournir une formulation claire du problème. S'il ne se trouve pas en mesure de le faire, il devrait pouvoir vous en donner les raisons qui vous paraissent raisonnables. Dans l'état actuel des connaissances sur le traitement des problèmes affectifs, infantiles ou familiaux, il est peu concevable de suivre un traitement actif depuis plusieurs mois sans avoir encore obtenu une opinion claire et compréhensible sur la nature du problème. En général, la formulation fournie pour un problème affectif se présente succinctement et contient le germe de la solution, comme nous en avons discuté dans les chapitres précédents.

En ce qui a trait à l'autre catégorie de problèmes ayant une origine physique, la situation peut être un peu différente. Si votre consultant conclut qu'il s'agit d'un problème émotionnel sans pouvoir exprimer une formulation claire à la fin de la consultation, posez-lui simplement la question, demandez-lui en une. Jugez de sa réponse par la suite. Changez rapidement de consultant après quelques rencontres s'il ne semble pas en mesure de vous donner une réponse que vous ne puissiez comprendre.

Nous l'avons déjà dit, il y a rarement une seule cause à un problème et ainsi, dans une suite logique, plusieurs routes conduisent à l'amélioration de votre

SI LE CONSULTANT
SEUL VOUS ÉVALUE
AVEC VOTRE
ENFANT,
LA CONSULTATION
EST INCOMPLÈTE.
VOUS DEVEZ AUSSI
ÉVALUER
LE CONSULTANT.

situation. L'élément fondamental tient en ce que la démarche soit claire, planifiée, qu'elle comporte des échéanciers et que ceci vous soit clarifié. Il est important que vous sortiez de la consultation avec une formulation du problème assez précise dans votre esprit pour que vous puissiez l'écrire en quelques lignes. Il s'agit d'ailleurs d'un exercice que je vous suggère si vous êtes actuellement en consultation ou si vous prévoyez faire cette démarche. Le consultant vous propose donc une formulation compréhensible de votre problème et le traitement à court terme vérifiera si son hypothèse est vraie, ou plutôt, si elle est utile. Car en réalité, dans l'état actuel des connaissances vérifiées dans le domaine, la formulation par le consultant se veut bien une hypothèse. Le principal avantage de votre consultant, rappelons-le, n'est pas tant qu'il possède **la** vérité mais qu'il vous présente une façon différente de voir. Puisqu'il s'agit d'une hypothèse, il devient nécessaire de fixer une échéance courte et précise pour en vérifier l'utilité.

4. Le quatrième barème pour appuyer votre jugement sur la qualité de la consultation: considérer l'évolution après six ou huit semaines de traitement. Votre consultant devrait négocier avec vous, après une ou deux rencontres, un genre de contrat fixe incluant une échéance assez précise, avec un nombre pré-déterminé d'entrevues à la suite desquelles vous évaluerez ensemble les résultats et vérifierez l'efficacité des solutions générées par sa formulation. Dès la fin de la première rencontre, si le consultant n'initie pas le mouvement, vous êtes en mesure de lui demander en combien de semaines ou de mois il prévoit un changement positif. Pour un problème d'ordre affectif, un délai de six à dix semaines paraît en général amplement raisonnable pour observer un changement au moins partiel. Si aucune modification appréciable ne s'est produite à la fin du délai fixé, prenez une

part active à la situation, soyez direct, positif et clair avec le consultant. Certaines questions sont alors à discuter avec lui.

La première concerne votre propre participation. Peut-être n'avez-vous pas investi vous-même l'effort nécessaire pour changer vos attitudes selon les indications du consultant. Sincère avec vous-même, vous êtes là encore en mesure de juger de votre effort. L'autre question soulève la possibilité que le consultant fasse fausse route ou s'avère inefficace à vous aider pour une raison ou pour une autre. Si la formulation de départ s'avérait non pratique ou inapplicable dans ses solutions, votre consultant devrait alors être en mesure d'en fournir une autre avec laquelle travailler, tout en fixant clairement une nouvelle échéance pour la vérifier. Sans cette nouvelle formulation du problème surgit l'impasse; vous avez alors à juger s'il s'avère utile et opportun de continuer ou s'il devient préférable de choisir un nouveau consultant. Vous verrez cependant qu'à cette phase du processus, le choix d'un nouvel expert sera éclairé par les étapes entreprises avec le premier, à condition que vous ayez pris soin de clarifier constamment la situation avec celui-ci. L'expérience précédente aura été utile même si la formulation du problème n'a pas conduit à une amélioration directe. Vous aurez en effet précisément à l'esprit la précédente formulation en plus des solutions pratiques mises en branle et vous arriverez, riche de votre expérience, chez le nouveau consultant.

La dernière question à discuter porte sur l'éventualité que le problème soit impossible à régler, ou du moins difficile à améliorer. Cette impossibilité ne se présente que rarement dans le cas d'un problème affectif si l'on y met toute la détermination nécessaire. Mais avant de vous résigner à un tel sort, il serait certainement préférable de ne pas vous fier à l'opinion d'un seul consultant. L'état actuel des connaissances scientifiques sur le traitement et le comportement des enfants laisse encore beaucoup de place à la subjectivité du consultant. Assurément, avant de démissionner devant votre problème, vous devriez entreprendre une démarche avec un ou deux autres consultants et ne jamais vous satisfaire de l'opinion d'un seul.

5. Évaluez enfin l'attitude de support et de respect du consultant à votre égard. En termes précis, votre consultant ne devrait en aucun temps vous accuser négativement, susciter en vous de la culpabilité ni juger sévèrement vos attitudes ou vos possibles erreurs passées. Bien sûr, vous n'incarnez pas la perfection mais la plupart des parents font de leur mieux pour leurs enfants compte tenu des circonstances. Presque tous les parents actuels tendent à s'auto-accuser de manière excessive; nous avons déjà parlé de cette culpabilité qui n'aboutit nulle part, mine votre énergie, réduit votre imagination et vous éloigne de la solution du problème. Par moment, le consultant a certainement le rôle d'utiliser le passé pour vous aider à réaliser, si c'est le cas, l'importance de changer une attitude dans l'avenir. Mais il a aussi l'obligation de soulever ceci avec respect, en accordant le support émotionnel dont vous avez besoin pour aller de l'avant vers une solution. Tout en relevant vos lacunes, votre consultant doit vous faire prendre conscience par ailleurs de vos bonnes attitudes et des efforts positifs que vous avez accomplis pour votre enfant. Lorsqu'il vous suggère un changement d'attitude, le consultant prend la responsabilité de vous donner le support dont, probablement, vous sentirez le besoin.

Et si après consultation, vous vous sentiez plus coupable envers votre enfant ou votre famille qu'auparavant, il faut encore là vous imposer et aborder directement le sujet. Peut-être s'agit-il d'une réaction

CHOISISSEZ UN CONSULTANT
QUI PENSE QUE LES PARENTS
SONT SOUVENT EN CAUSE,
NON PAS TOUJOURS LA CAUSE.

qui vous est très personnelle et une discussion honnête et claire permettra de vous réajuster et surtout d'observer si le consultant réagira d'une façon positive. S'il s'agissait par contre du style de ce dernier, le fait d'en parler ouvertement ne pourra que faciliter un réajustement de sa part. Sinon, cela vous fournira les éléments nécessaires pour prendre la meilleure décision quant à la poursuite des rencontres. Ne subissez jamais longtemps une relation culpabilisante avec un expert sans aborder au plus tôt le sujet avec lui.

En fin d'analyse, pour pallier à la panoplie de théories sur le comportement humain en manque de vérifications empiriques, et pour éviter l'écueil de la quintessence des opinions personnelles des experts de l'éducation de notre temps, il ne vous reste qu'une seule attitude à adopter: vous rattacher à des hypothèses de travail simples, pratiques, claires et compréhensibles concernant les problèmes de vos enfants et de votre famille et ainsi, fuir comme la peste les formulations compliquées et vaporeuses. Puisqu'il s'agit d'hypothèses sur votre comportement et sur votre vie psychique intime, efforcez-vous de les vérifier à court terme en appliquant des solutions pratiques. Souvenez-vous que les hypothèses que vous tenterez de vérifier doivent engendrer un changement dans un délai relativement court. Comprendre seulement votre situation ne suffit pas, vous devez agir. Le changement que vous provoquez encourage, convainc et fait donc comprendre. Pensez aussi que le comportement humain est d'une telle complexité que le fait de connaître les grands principes généraux d'éducation ne suffit pas; encore faut-il savoir les appliquer aux cas particuliers.

Vous voilà un parent qui pense que les difficultés et les problèmes s'insèrent dans l'évolution de la vie. Vous croyez que les familles ne se différencient pas selon l'absence ou la présence de problèmes mais plutôt selon leur volonté à les régler au fil de leur apparition ou bien à les camoufler et à les éviter. Devant un problème, au lieu d'accourir immédiatement vers un «expert» de quelque nature pour vous abreuver de ses opinions et conseils, vous comptez parmi les parents qui ont déjà, par eux-mêmes, essayé de formuler leurs problèmes clairement, tenté d'appliquer des solutions raisonnables, se sont donné des délais précis et qui ont peut-être même déjà consulté une personne fiable de leur entourage. Une grande partie des problèmes affectifs habituels dans une vie familiale et avec les enfants sont probablement réglés avant de rencontrer les experts disponibles dans notre société. Dans la vie courante, la plupart des parents sont efficaces et transigent eux-mêmes avec leurs difficultés. Les études épidémiologiques, menées dans nos sociétés occidentales, rapportent que 85 à 90 pour cent des parents, sans formation spéciale, réussissent à éduquer leurs enfants sans que ceux-ci ne présentent, à un point donné, des problèmes notables de développement ou de comportement. Il me paraît crucial de mentionner ces statistiques dans une perception positive alors que les experts et les institutions insistent plutôt, et sans doute avec de bonnes raisons, sur les 10 à 15 pour cent de nos enfants qui sont «en souffrance». À tort cependant et sans toujours s'en rendre compte, plusieurs experts en font trop vite porter tout le blâme sur les parents de la communauté.

* * *

ÉPILOGUE

Le sentiment populaire que la réfutation (d'une théorie) constitue un aspect négatif de la science, nous provient d'une conception de l'histoire qui est commune mais erronée...

Les scientifiques ne démolissent pas (les théories en cours) seulement dans le but d'assainir et de purger. Ils réfutent les vieilles idées à la lumière d'un éclairage nouveau sur la nature des choses.

The popular impression that disproof represents a negative side of science arises from a common, but erroneous, view of history...

Scientists do not debunk only to cleanse and purge. They refute older ideas in the light of a different view about the nature of things.

— Stephen Jay Gould —

Voilà donc soumises les quelques idées que je désirais ramener à votre esprit de parents. Je prétends que la confiance des parents en eux-mêmes a été érodée par plusieurs suppositions et préjugés sociaux courants. C'est donc volontairement qu'ont été exposés ces questions et ces faits susceptibles de rassurer, un tant soit peu, les parents. Les idées avancées dans cet ouvrage suggèrent clairement que l'on cesse d'inculper systématiquement les parents de tous les troubles affectifs ou de développement de leurs enfants.

La première idée soumise implique que chaque enfant naît avec un bagage qui influencera l'éducation donnée par ses parents et j'ai tenté de l'illustrer avec, principalement, la notion récente de tempérament du nourrisson et de l'enfant. La deuxième idée soulève le droit qu'ont les parents de s'imposer auprès de leurs enfants et qu'en cela, une discipline ferme, claire et positive est aussi une façon d'aimer un enfant. La troisième idée suggère que les parents ne constituent ni la seule, ni dans certains cas, la principale influence sur le développement et le comportement de leur enfant et j'ai tenté d'y adjoindre la récente application de la théorie générale des systèmes. La quatrième idée indique que les recherches scientifiques essaient encore de découvrir les facteurs, chez les parents ou dans la famille, qui importent vraiment pour le futur à long terme d'un enfant et la cinquième idée soutient que le présent est plus important pour un enfant que le passé. Une sixième idée suppose que les problèmes dans une famille et avec les enfants font partie essentielle de la vie; les voir comme telle vous aidera à diminuer vos auto-accusations. Une septième idée enfin, celle qui me tient le plus à cœur, celle que vous avez lue en filigrane: les parents doivent pallier au manque de recherches sur l'éducation des enfants par un retour à l'utilisation de leur bon sens plutôt que par un recours exagéré aux opinions personnelles de la panoplie d'experts de l'éducation de notre temps.

Trop de parents, en raison de leur tendance naturelle à se culpabiliser, se sont eux-mêmes maltraités en s'appliquant injustement, ou en se laissant attribuer par des «experts», des qualités ou des principes découlant pour la plupart de l'observation des cinq à dix pour cent d'enfants ou de familles dites «à problèmes» dans nos sociétés. J'ai soutenu qu'il est malsain de généraliser à tous les parents des théories construites sur des observations faites auprès d'une minorité. Si l'on se fie à plusieurs études épidémiologiques effectuées à travers le monde, il faut réitérer que 85 à 95 pour cent des parents, sans formation spéciale, permettent à leurs enfants d'évoluer sans problème émotif ou de développement identifiable. Conséquemment, avons-nous pensé que si l'on retirait du faible pourcentage d'enfants présentant à un moment donné des problèmes variant de légers à sévères, ceux qui présentent des difficultés intrinsèques (retards mentaux, troubles psychiatriques et d'apprentissage liés à un dommage aux cellules du cerveau) et si l'on soustrayait encore les troubles de comportement et de développement dus à une maladie ou à un handicap physique ou perceptuel, en plus des enfants souffrant d'un tempérament extrême, on demeurerait probablement avec une infime minorité de cas où les parents se trouveraient la cause majeure des problèmes de leurs enfants.

À ceux par ailleurs, consultants, politiciens, pédagogues, administrateurs de soins, qui accuseraient cet ouvrage d'une trop forte tendance à justifier les parents, une réponse raisonnable en deux volets pourrait être fournie. D'abord, le fait de prendre conscience d'avoir devancé les faits en généralisant à tous les parents des opinions mal fondées, basées sur l'observation de cas extrêmes et déviants, ne peut que favoriser un sain recul par rapport à certains préjugés sociaux. On pourrait aussi ajouter qu'en raison du présent contexte de pénurie de données empiriques et scientifiques dans le domaine, les hypothèses positives décrites dans cet ouvrage, celles qui donnent confiance et courage, demeurent pour le moment aussi acceptables que certaines hypothèses négatives actuellement prévalentes, dont cet ouvrage a tenté de démontrer l'effet pernicieux sur le psychisme des parents. Quant aux implications des faits observés scientifiquement et cités dans les pages antérieures, elles parlent d'elles-mêmes. Dans un monde de suppositions sur le développement de l'enfant, credo pour credo, j'abonde pour ma part dans le sens d'une déculpabilisation des parents, d'un retour à leur confiance en eux-mêmes, somme toute de la reprise en main par les parents d'une large part des concepts et des méthodes d'éducation de leurs enfants.

Puisque les idées et les faits amenés dans ce livre suggèrent que les parents ne représentent pas toujours, en partant, «LA» cause des problèmes affectifs et développementaux de leurs enfants, on peut s'attendre à un murmure en provenance d'un certain type d'experts et d'intervenants exagérément acquis à la pensée des droits lésés des enfants dans notre société. Ceux-là redouteront peut-être que ce livre ne favorise un désengagement des parents face à leurs responsabilités envers leurs enfants. Leurs craintes signeront simplement leur incompréhension et leur propre manque de confiance envers les parents de notre société; ils ont temporairement oublié qu'un droit foncier des enfants consiste bien en celui d'avoir des parents confiants et libres.

Une telle réaction de désengagement des parents aux pages précédentes est impensable pour au moins trois raisons ou facteurs évidents que plusieurs experts et consultants aiment bien considérer en théorie mais n'utilisent pas toujours dans la pratique. Le premier de ces facteurs réside en ce que le comportement d'une personne a certainement autant de chance d'être influencé, ou favorablement modifié, si elle se porte estime, si elle voit ses qualités et ses forces aussi bien que ses faiblesses. Les idées livrées dans le présent ouvrage ne risquent donc pas de cantonner dans une position malsaine certains comportements déviants d'une petite minorité de parents.

Le second, c'est que pour aider ou faciliter un changement de comportement chez un être humain, en l'occurrence celui d'un parent envers un enfant, le thérapeute ou l'intervenant ne doit pas au départ l'inculper sinon, cela se ferait forcément au détriment de l'engagement d'une relation positive parent-intervenant, une relation nécessaire à la suggestion du changement désiré. Le présent ouvrage se montre en parfait accord avec ce principe fondamental des experts.

Le troisième facteur enfin origine d'un autre oubli fondamental et concrétise derechef le manque de confiance d'une bonne partie des experts dans les parents de notre société. Comment pourrait-on imaginer un instant qu'un tel écrit puisse désengager les parents des liens avec leurs enfants et du sens vivant des responsabilités qu'ils ressentent envers ces derniers? Je prétends au contraire que l'insécurité vécue par les parents face à leur «parentage» est une preuve sans équivoque du profond attachement et de la non moins profonde responsabilité émotionnelle et sociale qu'ils éprouvent face à leurs enfants. Les experts négligent le fait que ce lien d'attachement existait bien avant l'apparition même des multiples consultants et intervenants du comportement dans nos sociétés.

Nos politiciens, penseurs, philosophes futuristes et experts de l'éducation des enfants ont malheureusement perdu un peu la mémoire que les parents, quoiqu'on en dise, furent et sont encore la base de la préservation de la société. Nonobstant les «méga-forces» économiques, religieuses et sociales, c'est foncièrement grâce aux parents, et non pas aux consultants ou aux différents groupes de gouvernants, si les enfants ont traversé l'époque industrielle pour atteindre l'ère de la communication, et ce sont encore les parents qui assumeront le rôle réel et quotidien de faire franchir aux enfants et adolescents le pas de l'an 2000. Par quelle sorte de prétention nous est-il permis de perdre de vue cette évidence fondamentale qui saute aux yeux dès que l'on s'y arrête un instant?

Les parents ont toujours été sur la première ligne, jour après jour. Durant les époques économiquement et socialement difficiles de l'histoire récente, la plupart remplissaient leur rôle avec abnégation et au meilleur de leurs ressources. Comment aurait-il pu en être autrement? Il s'agissait de LEURS enfants. Il n'existe rien de plus fondamentalement et émotionnellement proche d'un parent que ses enfants. Les experts n'ont jamais eu besoin d'expliquer ceci aux parents. Même la société concède qu'il n'est de plus grande richesse, d'un point de vue économique ou patriotique, que nos enfants. Et pourtant, le pouvoir social accorde toujours relativement peu de support tangible sous forme de privilège social ou économique au rôle même de parent, en particulier celui de la mère, que celle-ci s'occupe à la maison ou à l'extérieur. Pourquoi alors s'étonner du phénomène de la dénatalité dont tous au fond connaissent bien en partie l'origine et les solutions? Mais il faudrait adopter une vue politique à long terme pour corriger le paradoxe de la dénatalité et cela s'avère peu compatible avec la prédominance du «court terme» dans les mécanismes actuels de prise de décision démocratique ou politique, basés sur le jeu des forces et pressions sociales du moment.

Il est possible que ce manque de reconnaissance sociale du rôle essentiel de parent, auquel s'ajoute l'attitude des experts de l'éducation depuis plusieurs décennies, aient contribué à diminuer la confiance des parents en eux-mêmes. Les parents ont perdu conscience de leur importance fondamentale et ont ainsi résilié une partie de leur influence.

Nous sommes-nous seulement imaginés qu'il existe un groupe social, celui des parents, où quelques heures (nous pourrions dire quelques minutes) de grève totale à l'échelle nationale auraient des conséquences dévastatrices et chaotiques incommensurables sur l'organisation morale, sociale et économique d'une société comme la nôtre? On sait bien au fond que les exigences du quotidien, l'attachement inaliénable des parents envers leurs enfants et leur sens foncier des responsabilités préviendront toujours un tel geste de protestation. Il faut croire que les parties sociales dominantes décident et procèdent selon cette inconsciente intuition.

Il n'existe donc, pour vous parents, qu'une solution rapide et toute à votre portée: reprendre pied et vous imposer positivement à l'échelle individuelle. Ceci est d'ailleurs source de renouvellement social dans une communauté démocratique. Cette solution cependant nécessite un pré-requis essentiel chez les parents, soit le redressement de leur confiance en eux-mêmes. Cette remontée de confiance ramènera aux parents leur espoir, leur désir et leur pouvoir de prendre entièrement en main l'éducation et le développement de leurs enfants, de même que leur volonté de se faire reconnaître pratiquement et positivement auprès de leurs consultants, de leurs écoles et de leurs gouvernements. Des parents confiants en eux-mêmes constituent, pour nos enfants, le corridor de protection vers le 21e siècle.

*   *   *

BIBLIOGRAPHIE

1. CHESS S. et Thomas A. — *Origins & Evolution of Behavior Disorders from Infrancy to Early Adult Life.* Brunner/Mazel, New York, 1984.

2. MAZIADE M. — Études sur le Tempérament: Contribution à l'Étude des Facteurs de Risques Psychosociaux de l'Enfant. *Neuropsychiatrie de l'enfance et de l'adolescence*, 34:8-9, 1986, 371-382.

3. MAZIADE M., CAPÉRAÀ P., LAPLANTE B., BOUDREAULT, M., THIVIERGE, J., CÔTÉ R., BOUTIN P. — Value of Difficult Temperament among 7-Year-Olds in the General Population for Predicting Psychiatric Diagnosis at Age 12. *American Journal of Psychiatry*, 142:8, 1985, 943-946.

4. PATTERSON G.R. — *Coercive Family Process. A Social Learning Approach.* Volume 3. Castalia Publishing Company, Oregon, 1982.

5. PATTERSON G.R. — *Families. Applications of Social Learning to Family Life.* Research Press, Champaign: Ill., 1975.

6. BAUMRIND D. Some Thoughts About Childrearing. Dans: *Influences on Human Development.* Second Edition. Urie Bronfenbrenner et Maureen A. Mahoney (éditeurs). The Dryden Press, Illinois, 1975, pp 270-282.

7. WILSON H. — Parenting in Poverty. *British Journal of Social Work*, 4:3, 1974, 241-254.

8. Kagan G. — *The Nature of the Child.* Basic Books Inc., Publishers, New York, 1984.

9. Clarke A.M., Clarke A.D.B. — *Early Experience: Myth and Evidence.* The Free Press, New York, 1976.

10. Marmor J. — Systems Thinking in Psychiatry: Some Theoretical and Clinical Implications. *American Journal of Psychiatry*, 140:7, 1983, 833-838.

11. Von Bertalanffy L. — *General System Theory. Foundations, Development, Applications.* George Braziller, Publishers, New York, 1968.

12. Maziade M. — Les Bases Théoriques de la Thérapie Familiale. *Neuropsychiatrie de l'enfance et de l'adolescence*, 28:6, 1980, 253-258.

13. Rutter M., Maughan B., Mortimore P., Ouston J. — *Fifteen Thousand Hours. Secondary Schools and Their Effects on Children.* Open Books Publishing Ltd., England, 1979.

14. Rutter M. — Family and School Influences: Meanings, Mechanisms and Implications. Dans: *Longitudinal Studies in Child Psychology and Psychiatry.* A.R. Nicol (éditeur), John Wiley & Sons, New York, 1985, pp. 357-403.

15. Rutter M. — Stress, Coping, and Development: Some Issues and Some Questions. Dans: *Stress, Coping, and Development in Children.* Norman Garmezy et Michael Rutter (éditeurs), McGraw-Hill Book Company, New York, 1983, pp. 1-41.

16. Maziade M., Côté R., Boutin P., Bernier H., Thivierge J. — Temperament and Intellectual Development: A Longitudinal Study from Infancy to Four Years. *American Journal of Psychiatry*, 144:2, 1987, 144-150.

17. Lamb M.E. — *The Role of the Father in Child Development.* John Wiley & Sons, New York, 1981.

18. Dixon N. *Preconscious Processing*. John Wiley & Sons, New York, 1981.

19. Gazzaniga M.S. — *The Social Brain*. Basic Books Inc., New York, 1985.

20. Maziade M., Boudreault M., Côté R., Thivierge J. — The Influence of Gentle Birth Delivery Procedures and Other Perinatal Events on Infant Temperament: Developmental and Social Implications. *Journal of Pediatrics*, 108:1, 1986, 134-136.

21. Rutter M. — Resilience in the Face of Adversity. Protective Factors and Resistance to Psychiatric Disorder. *British Journal of Psychiatry*, 147, 1985, 598-611.

22. Rutter M. — *Maternal Deprivation Reassessed*. Penguin Books Ltd., England, 1981.

23. Chess S., Thomas A., Korn S., Mittelman M., Cohen J. — Early Parental Attitudes, Divorce and Separation, and Young Adult Outcome: Findings of a Longitudinal Study. *Journal of the American Academy of Child Psychiatry*, 22:1, 1983, 47-51.

24. Wallerstein J.S. — Children of Divorce. Preliminary Report of a Ten-Year Follow-Up of Young Children. *American Journal of Orthopsychiatry*, 54:3, 1984, 444-458.

25. Hetherington E.M., Cox M., Cox R. — Long-Term Effects of Divorce and Remarriage on the Adjustment of Children. *Journal of the American Academy of Child Psychiatry*, 24:5 1985, 518-530.

26. Wallerstein J.S. — Children of Divorce: Recent Research. *Journal of the American Academy of Child Psychiatry*, 24:5, 1985, 515-517.

27. SKUSE D. — Extreme Deprivation in Early Childhood: II. Therapeutic Issues and a Comparative Review. *Journal of Child Psychology and Psychiatry*, 25, 1984, 543-572.

28. QUINTON D., RUTTER M., LIDDLE C. — Institutional Rearing, Parenting Difficulties and Marital Support. *Psychological Medicine*, 14, 1984, 107-124.

Appendice

COMPAREZ LE TEMPÉRAMENT DE VOS ENFANTS

Vous trouverez plus bas des énoncés qui décrivent des qualités du tempérament de l'enfant dans plusieurs situations. Vous pouvez vous faire une idée du tempérament de vos enfants; utilisez, pour répondre à chaque question, l'échelle suivante: si l'énoncé s'applique rarement à votre enfant, inscrivez 0 dans la case, inscrivez 1 si cela s'applique régulièrement et inscrivez 2 s'il s'applique presque toujours.

Cela s'applique rarement   = **0**
Cela s'applique régulièrement   = **1**
Cela s'applique presque toujours   = **2**

Additionnez les réponses aux quatre questions se rapportant à un trait afin d'obtenir un total pour chacun des neuf traits. *Le but de cette échelle est de comparer entre eux le tempérament de chacun de vos enfants;* cependant répondez à toutes les questions pour un enfant avant d'entreprendre l'évaluation d'un autre. En comparant leurs résultats à chacun des neuf traits, cette mesure vous aidera à constater plus en détail jusqu'à quel point vos enfants peuvent être différents. Il est à noter que chaque groupe de description ne touche que quelques situations parmi bien d'autres où vous pourriez apprécier le tempérament de votre enfant.

Le présent questionnaire s'applique surtout aux enfants de 3 à 10 ans.

1. NIVEAU D'ACTIVITÉ

Par exemple:

A. Mon enfant court plutôt qu'il ne ____ marche pour se rendre où il veut aller.

B. Au terrain de jeu ou dans la cour ____ de récréation, mon enfant court, grimpe, se balance, est toujours actif.

C. Mon enfant a la bougeotte quand ____ il doit rester tranquille (auto, restaurant, cinéma, etc...).

D. Quand mon enfant doit rester à la ____ maison à cause du mauvais temps, aucune activité calme ne peut l'occuper, il court ça et là.   Total____

2. IRRÉGULARITÉ DES FONCTIONS PHYSIOLOGIQUES

Par exemple:

A. Mon enfant demande des colla- ____ tions à des heures irrégulières.

B. Mon enfant dort beaucoup une ____ nuit, un peu l'autre nuit et ceci au lieu de dormir le même nombre d'heures chaque nuit.

C. Mon enfant va à la selle à des ____ heures différentes chaque jour.

D. Pendant les fins de semaine ou ____ durant les vacances, mon enfant s'éveille lui-même à des heures variables.   Total____

3. INTENSITÉ DES RÉACTIONS ÉMOTIONNELLES

Par exemple:

A. Mon enfant est facilement excité ____
   lorsqu'on le félicite, le compli-
   mente, ou quand il est agréable-
   ment surpris.
B. Quand il est contrarié ou lorsqu'on ____
   le gronde, mon enfant proteste fortement en criant, en pleurant, en
   claquant la porte.
C. Mon enfant réagit fortement ____
   lorsqu'il reçoit un nouveau jouet.
D. Quand mon enfant a des difficultés ____
   à faire un travail quelconque, il
   peut le jeter par terre, crier, pleu-
   rer, etc....   Total____

4. APPROCHE OU RETRAIT DEVANT DE NOUVELLES EX-PÉRIENCES

Par exemple:

A. Mon enfant est timide et gêné ____
   lorsqu'il rencontre des adultes ou
   des enfants qu'il ne connaît pas.
B. Mon enfant déteste essayer de ____
   nouveaux mets, porter de nouveaux vêtements, aller dans des
   endroits inconnus.
C. Mon enfant évite de nouveaux invi- ____
   tés ou visiteurs à la maison de
   même qu'une nouvelle gardienne
   la première fois.
D. Il veut que quelqu'un (parent, frère, ____
   sœur) l'accompagne plus d'une
   fois pour une nouvelle activité de
   groupe (cours de natation, de
   danse, à un camp, etc...).   Total____

177

5. **SEUIL DE SENSIBILITÉ**

Par exemple:

A. Mon enfant remarque facilement ____ les odeurs et commente sur des odeurs déplaisantes.

B. Mon enfant est inconfortable dans ____ des vêtements serrés, piquants ou humides et demande à se changer.

C. Mon enfant est très sensible à des ____ changements d'intensité de lumière.

D. Un bruit fort continuel (sirène, ____ etc...) le dérange encore, même après que les autres se soient habitués.   Total____

6. **ADAPTABILITÉ**

Par exemple:

A. Mon enfant a de la difficulté à s'en- ____ dormir dans un nouveau lit lorsqu'il couche ailleurs (même après quelques nuits).

B. Dans une nouvelle situation (garde- ____ rie, école, camp, etc...) ou face à de nouvelles personnes (professeur, gardienne, etc...) mon enfant est encore mal à l'aise après quelques jours.

C. Mon enfant est lent à s'ajuster à ____ des changements dans l'heure des repas (n'a pas faim, se plaint, etc...) ou de la routine quotidienne (faire une nouvelle activité, ne plus aller à l'école, etc...).

D. Mon enfant est dérangé par un ____ changement d'activité qu'on lui demande (jeu, lecture).   Total____

7. QUALITÉ DE L'HUMEUR

Par exemple:

A. Quand mon enfant joue avec ____ d'autres enfants, il se dispute avec eux.

B. Mon enfant devient de mauvaise ____ humeur pendant un certain temps quand il est réprimandé pour une mauvaise conduite.

C. En général mon enfant est de mau- ____ vaise humeur lorsqu'il se lève le matin.

D. Mon enfant devient irritable quand ____ il est fatigué.   Total____

8. DISTRACTIBILITÉ

Par exemple:

A. Mon enfant est facilement distrait ____ par les bruits de la maison ou les conversations lorsqu'il lit ou s'adonne à des activités tran- quilles.

B. Quand mon enfant se fâche pour ____ quelque chose c'est difficile de le distraire pour lui faire oublier.

C. Mon enfant lève immédiatement ____ les yeux de son jeu lorsque le télé- phone sonne.

D. Quand il a du chagrin il est difficile ____ à consoler.   Total____

9. PERSISTANCE

Par exemple:

A. Quand mon enfant a de la difficulté ____ à un jeu, il abandonne ou change d'activité.

B. Mon enfant abandonne les tâches _____ dans la maison (ramasser son linge, jouets, etc...) avant d'avoir terminé.

C. Mon enfant perd intérêt à s'occu- _____ per d'un animal, d'une plante de maison, etc... en dedans d'une semaine.

D. Mon enfant abandonne la pratique _____ d'une activité physique ou autre (patin, instrument de musique, bricolage, dessin, sport) avant de l'avoir maîtrisée.

Total_____

Achevé d'imprimer à Montmagny
par les travailleurs des ateliers Marquis Ltée
en février 1988

Imprimé au Québec